新闻写作与传播基础

翟永学◎著

吉林人民出版社

图书在版编目（CIP）数据

新闻写作与传播基础／翟永学著. – – 长春：吉林
人民出版社，2024.3
ISBN 978 – 7 – 206 – 20910 – 9

Ⅰ. ①新… Ⅱ. ①翟… Ⅲ. ①新闻写作②新闻学 – 传
播学Ⅳ. ①G212. 2②G210

中国国家版本馆 CIP 数据核字（2024）第 095104 号

新闻写作与传播基础
XINWEN XIEZUO YU CHUANBO JICHU

著　　者：翟永学
责任编辑：李沫薇　　　　　　封面设计：墨知缘
出版发行：吉林人民出版社（长春市人民大街 7548 号　邮政编码：130022）
印　　刷：北京荣泰印刷有限公司
开　　本：710mm×1000mm　　1/16
印　　张：16　　　　　　　字　　数：180 千字
标准书号：ISBN 978 – 7 – 206 – 20910 – 9
版　　次：2024 年 3 月第 1 版　　印　　次：2024 年 3 月第 1 次印刷
定　　价：68.00 元

前　言

在现今这个信息爆炸的时代，新闻媒介成为我们获取信息和理解世界的关键渠道。新闻写作和传播已经成为这个环境下的核心任务，为公众提供了信息的获取和处理的工具。这个任务不仅需要技巧，更需要对传媒环境深入的理解和道德的坚持。

本书的创作目的是帮助读者掌握新闻写作和传播的基本技巧和方法，为新闻写作和传播工作的专业人士提供参考和指导。从新闻写作的基本要素，到新闻采访的细节，再到新闻报道的结构与文体，我们将一步步引导读者走入新闻写作的世界。

语言是新闻传播的基础。因此，我们将深入探讨新闻报道的语言特点，介绍新闻报道的语言表达技巧，让读者更深入地理解语言在新闻传播中的重要作用。同时，我们也将重点关注新闻写作的道德规范，探讨新闻报道中的伦理问题和职业操守，因为一个优秀的新闻工作者必须具有高尚的职业道德。

随着科技的发展，新闻报道的形式也在不断变化。我们将深入探讨新闻报道的多媒体表现形式，让读者理解如何有效地使用图像和视频进行新闻报道。最后，我们将研究新闻传播策略，探讨如何评估新闻传播效果，并对新闻传播策略进行优化和调整。

无论您是新闻学专业的学生，还是正在从事新闻写作和传播工作的专业人士，我们相信，《新闻写作与传播基础》都能为您提供宝贵的知识和参考。在这个快速变化的新闻环境中，我们希望能通过这本书，帮助您建立坚实的新闻写作和传播基础，提高您的新闻写作和传播能力，以应对未来的挑战。

新闻写作与传播是一门艺术，也是一项科学。我们期待您在阅读这本书的过程中，探索新闻的魅力，享受新闻写作的过程，同时提升自己的专业技能。

目　录

第一章　媒介环境下的新闻写作 …………………………………… 1

　第一节　新闻传播的基本原理 ………………………………… 1

　第二节　媒介环境对新闻写作的影响 ………………………… 10

　第三节　新闻写作的基本要素 ………………………………… 15

第二章　新闻选题与采编 ……………………………………… 28

　第一节　新闻选题的方法与技巧 ……………………………… 28

　第二节　新闻采访的基本要素 ………………………………… 35

　第三节　新闻资料的收集与整理 ……………………………… 48

第三章　新闻报道的结构与文体 ·················· 54

　第一节　新闻报道的结构要素 ·················· 54

　第二节　新闻报道的文体要求 ·················· 71

　第三节　新闻标题的撰写技巧 ·················· 88

第四章　新闻报道的语言表达 ·················· 102

　第一节　新闻报道的语言特点 ·················· 102

　第二节　新闻报道的语言表达技巧 ·················· 112

　第三节　新闻报道的语言修辞手法 ·················· 122

第五章　新闻写作的道德规范 ·················· 132

　第一节　新闻写作的道德标准 ·················· 132

　第二节　新闻报道中的伦理问题 ·················· 148

　第三节　新闻报道中的职业操守 ·················· 159

第六章　新闻报道的多媒体表现形式 ·················· 172

　第一节　多媒体时代的新闻报道 ·················· 172

　第二节　图像新闻的制作与运用 ·················· 177

　第三节　视频新闻的制作与运用 ·················· 185

第七章　新闻传播策略与效果评估 ·················· 201

　第一节　新闻传播策略的制定与实施 ·················· 201

第二节　新闻传播效果的评估与分析 …………………………… 218

第三节　新闻传播策略的优化与调整 …………………………… 231

结语　新闻写作与传播的未来发展趋势 ……………………… 239

参考文献 ……………………………………………………………… 241

第一章　媒介环境下的新闻写作

第一节　新闻传播的基本原理

新闻传播是新闻信息从源头通过媒体向公众传递的过程。它涉及新闻的生成、加工、发布、接收，以及读者反馈等一系列的环节。理解新闻传播的基本原理，对于提高新闻工作者的专业素养、优化新闻的传播效果具有重要的意义。

一、新闻传播的定义与目的

新闻传播是一个综合性的概念，其定义因视角和关注焦点的不同而具有一定的弹性。从广义上讲，新闻传播涉及新闻的全过程，这包括新闻的采集、编辑、发布、接收以及反馈。在这个过程中，每一个环节都有其独特的功能和价值。

新闻的采集是新闻传播的起点。这个环节主要涉及新闻的发现、选择和报道。新闻工作者根据新闻价值和社会责任，以及公众的信息需求，选择适合的新闻事件进行报道，这是新闻传播的第一步。

新闻的编辑则涉及新闻的处理和构造。新闻工作者需要通过对事实的整理和分析，将碎片化的信息构造成连贯、完整的新闻报道。这个过程不仅需要专业的新闻技巧，也需要对社会现象的深入理解和对公众需求的敏感把握。

新闻的发布是新闻传播的核心环节。通过各种媒体平台，新闻信息向广大公众传播，满足他们的信息需求，帮助他们了解并解读社会现象。这个过程既是信息的传递，也是意义的建构。

新闻的接收则是新闻传播的接收端。公众通过接收和解读新闻信息，了解和认识世界。在这个过程中，公众的知识背景、价值观念以及接收环境等因素会影响他们对新闻信息的理解和接受。

新闻的反馈是新闻传播的闭环。公众对新闻的反应和评价，既可以反映新闻传播的效果，也可以为新闻工作的改进提供反馈。新闻工作者可以通过收集和分析公众反馈，了解新闻传播的情况，优化新闻工作。

从狭义上讲，新闻传播主要是指新闻的发布和接收两个环节，即新闻信息通过各种媒体向公众的传播过程。这个过程涉及信息的编码、传输和解码等一系列的技术活动。此外，由于新闻传播的环境、媒体和公众等因素的影响，新闻传播的过程往往具有复杂性和多样性。

新闻传播的目的是满足人们的信息需求，帮助公众了解并解读社会现象，进而做出合理的判断和决策。新闻传播可以帮助公众了解社会的各种变化，提升公众的社会意识和公民素养，强化社区的凝聚力，促进社会的和谐稳定。此外，新闻传播也是维护社会公正、维权和普及法律知识的重要手段。

新闻传播还可以通过引导和塑造公众舆论，影响社会政策的制定和实施。在许多情况下，新闻传播不仅是社会变迁的记录者和解释者，也是社会变迁的推动者和引导者。

总的来说，新闻传播的定义和目的反映了新闻的社会功能和价值。理解和把握这一点，对于提高新闻工作的质量和效果，实现新闻的社会责任具有重要的意义。

二、新闻传播的流程和模型

（一）新闻传播的流程

新闻传播一般包括以下五个环节：新闻采集、新闻编辑、新闻发布、新闻接收和新闻反馈。这个流程既是新闻传播的基本框架，也是新闻工作的基本程序。新闻传播的流程如同一个流水线，每个环节都必不可少。

新闻的采集，这是新闻传播流程的起点。新闻工作者在这个环节中，通过各种手段和途径寻找新闻线索，收集新闻素材，进行初步的事实核实。这个过程需要新闻工作者具有敏锐的新闻嗅觉和良好的采访技巧。

新闻的编辑，这个环节主要涉及新闻的处理和构造。新闻工作者需要对收集来的素材进行整理和编排，将碎片化的信息构造成有结构、有逻辑的新闻文本。在这个过程中，新闻工作者要充分考虑新闻的可读性和观众的接收需求，同时也要保证新闻的真实性和公正性。

新闻的发布，这是新闻传播的核心环节。新闻工作者通过各种传播媒介，将新闻信息传播给公众。这个环节不仅涉及新闻的发布形式和发布平台的选择，还涉及新闻的传播策略和传播效果的评估。

新闻的接收，这是新闻传播的另一端。公众通过解读新闻信息，获取信息、知识和见解，对社会现象形成理解和认知。在这个环节，公众的信息接收能力、媒介素养以及他们的社会背景和个人经验都会影响他们对新闻的接收和理解。

新闻的反馈，这是新闻传播的闭环。公众通过各种方式对新闻进行反馈，表达他们的观点和评价。这个环节对于新闻的持续改进和优化，以及新闻传播效果的评估和调整具有重要作用。

（二）新闻传播的模型

新闻传播的模型有很多，如传播学的经典"源—信息—媒介—接收者"（SMCR）模型，以及"双螺旋"模型等。不同的模型强调不同的传播要素和过程，可以帮助我们从不同角度理解和分析新闻传播的机制和规律。

新闻传播的模型有许多，其中最经典的是传播学的"源—信息—媒介—接收者"（SMCR）模型。这个模型强调了传播过程中的四个主要要素：信息的源头（S），信息本身（M），传播的媒介

（C）和信息的接收者（R）。这四个要素是相互关联、相互影响的，任何一个要素的变化都可能影响传播的效果。

在 SMCR 模型中，源指信息的发出者或产生者，信息是源传达给接收者的内容，媒介则是信息传递的渠道，接收者是信息的接收者或消费者。这个模型强调了信息传递的过程，并提出了影响信息传递的各个因素，包括源的特点、信息的内容、媒介的类型和接收者的特点。这个模型可以用于研究各种传播现象，包括传统媒体和新媒体的传播、广告的传播、口碑传播等。

还有一些新的传播模型，如"双螺旋"模型。这个模型强调了新闻传播是一个动态的、交互的过程，新闻的产生、传播和反馈都在相互影响、相互推动。它强调了信息交流中的相互作用和双向影响。

在"双螺旋"模型中，源传递信息给接收者，接收者对信息进行理解、解释和反馈，反馈又回到源，影响源进一步的信息传递。这个模型强调了信息传递中的双向影响和相互作用，指出了信息传递并不是单向的、线性的过程，而是一个动态的、相互影响的过程。这个模型可以用于研究各种传播现象，包括广告和宣传的效果、社交媒体的互动和影响、政治和舆论的传播等等。

总的来说，不同的新闻传播模型为我们提供了不同的视角和工具，帮助我们理解和分析新闻传播的机制和规律，对于提高新闻工作的效果和效率具有重要的指导意义。

三、新闻传播的效果与影响

（一）新闻传播的效果

新闻传播的效果可以从不同的角度进行分析，包括新闻的传播覆盖率、传媒的影响力、受众的反馈和社会的反应等。此外，新闻传播的效果还可以通过各种指标进行评估，如点击率、分享量、曝光率等。

新闻传播的效果是一个非常复杂且多面的领域，其中包含了许多不同的层面和指标。首先，新闻的传播覆盖率是衡量新闻传播效果的重要指标之一。传播覆盖率涉及的范围包括新闻传播的地域范围、人口覆盖面以及受众的多样性等。这些都是评估一个新闻是否广泛传播，是否触及了目标受众的重要方面。

其次，传媒的影响力也是衡量新闻传播效果的重要因素。传媒的影响力可以通过多种方式来衡量，如新闻媒体的知名度、可信度、公众对其新闻报道的接受程度以及其对公众舆论的影响力等。这些都可以反映出新闻媒体在传播过程中的影响力大小。

受众的反馈和社会的反应同样是衡量新闻传播效果的重要参考。受众的反馈可以是对新闻内容的认同程度、关注度、互动度以及对新闻主题的持续关注度等，而社会的反应则主要是指新闻传播引发的社会讨论和行动反馈，如社会议题的提升、政策变动、公众行为的改变等。

新闻传播的效果还可以通过点击率、分享量、曝光率等数据化指标进行量化评估。这些数字化指标提供了直观、精确的衡量方式，使得新闻传播效果的评估更为客观和准确。

值得注意的是，新闻传播效果的评估并非单纯的数字游戏，而是一个涉及社会、文化、政治、经济等多个层面的复杂过程。每一个新闻传播的环节，每一次公众反馈，每一次社会变动，都可能对新闻传播效果产生深远影响。因此，在评估新闻传播效果时，我们必须全面考虑各种因素，才能得出准确的结论。

（二）新闻传播的影响

新闻传播对社会和个人都有着重要的影响。新闻传播的影响力是多元和复杂的，其不仅影响着社会的舆论，也深深影响着个人的认知和行为，同时也在商业和文化产业中发挥着重要作用。

在社会层面，新闻传播的最直接影响表现在引导和塑造公众舆论上。新闻作为人们了解世界、获取信息的重要渠道，其报道的内容、角度以及深度，都直接关系到社会舆论的形成和走向。新闻传播的质量和效果会影响公众对事件的理解和判断，从而影响他们的言论和行动。此外，新闻传播也会影响社会的政治决策。政策制定者会关注新闻报道和舆论动态，以此来调整和制定政策。

在个人层面，新闻传播影响着个人的认知、态度和行为。新闻信息会改变人们对世界的认知，从而影响他们的价值观、行为模式和生活方式。例如，新闻报道的焦点、态度和语调，都会对人们形成的观点和看法产生影响。同时，新闻传播的广度和深度也影响着个人的知识结构和世界观。

在商业和文化产业方面，新闻传播同样发挥着重要作用。商业上，新闻传播可以影响消费者的消费行为和品牌形象，从而影响企业的经营状况和市场地位。文化产业上，新闻传播对文化产品的宣传和推广起到关键作用，影响着文化产品的市场接受度和商业价值。

（三）新闻传播的误解和挑战

新闻传播是一个具有重大社会影响力的过程，但是在实际的新闻传播过程中，确实存在着一些误解和挑战。

第一，新闻失实包括报道错误、事实不准确、信息混淆等现象。这些问题可能出自记者的疏忽、媒体的不负责任，也可能出自权力的滥用和故意误导。新闻失实不仅对新闻媒体的公信力造成破坏，也可能误导公众，引发不必要的社会问题。

第二，新闻偏见也是新闻传播面临的一大问题。新闻偏见可以来自多个方面，如政治、文化、商业等。新闻偏见可能会导致新闻报道的公正性和全面性受到损害，从而削弱新闻传播的效果。因此，新闻媒体应该努力维持其独立性和中立性，减少新闻偏见的出现。

第三，新闻审查也是新闻传播面临的一大挑战。新闻审查可能会限制新闻的自由，干扰新闻的传播。然而，新闻审查在某些情况下也是必要的，比如保护国家安全、防止诽谤和维护公共秩序等。因此，如何在保证新闻自由和满足社会需要之间寻找平衡，是新闻审查面临的一大挑战。

此外，新闻传播还面临着数字化和网络化等技术变革带来的挑战。这些技术变革为新闻传播带来了新的机会，但也带来了新的问题。比如，数字化使新闻传播的速度和范围大大提升，但也加剧了信息过载的问题；网络化使新闻传播的方式和渠道更加多样，但也让新闻的真实性更难把握。因此，新闻传播需要不断进行创新和适应，以应对这些技术变革带来的挑战。

总的来说，新闻传播面临的误解和挑战既有来源于传播本身的问题，也有来源于社会和技术的变革。要应对这些挑战，新闻传播需要坚持其基本的价值和原则，同时也需要适应和创新。

（四）新闻传播的责任与伦理

新闻传播的权利和责任是相互关联的。新闻媒体需要承担起对公众的责任和义务，提供准确、客观、公正和包容的新闻报道。同时，新闻媒体还需要遵守职业道德和伦理准则，维护新闻媒体的声誉和信誉。

新闻传播的核心责任在于提供准确、全面和时效的信息。这要求新闻媒体在传播信息的过程中，必须对事实真相进行严谨的核查，避免传播虚假、误导性的信息。只有这样，新闻传播才能有效地服务于社会，帮助公众了解世界，推动社会进步。

新闻传播的责任也体现在其公正性。公正性要求新闻媒体在报道事件时，要避免偏袒和歧视，尽可能全面、客观地展现事件的真相。这包括平等地对待所有新闻主体，无论他们的身份、地位如何，都应该给予公正的报道。

新闻传播的责任还体现在其包容性。在全球化的今天，我们的社会变得越来越多元，新闻传播作为社会的反映，也应该反映这种多元性。这要求新闻媒体在报道时，要尊重不同的文化、信仰和观点，避免刻板的判断和歧视。

新闻传播的责任与伦理还表现在新闻媒体对于其自身行为的约束。新闻媒体在执行其社会职能的同时，也必须遵守职业道德和伦理准则，包括保护信息源的隐私、尊重版权、避免侵害他人名誉等。

新闻传播的责任与伦理是新闻媒体在执行其社会职能的过程中必须遵循的原则，它是新闻媒体对公众、对社会、对自身的承诺，是维护新闻媒体公信力和声誉的基础。在未来，随着社会的发展和科技的进步，新闻传播的责任与伦理可能会面临新的挑战，但这些基本的原则是始终不变的。

新闻传播的基本原理是新闻工作的基础，也是新闻学研究的重要内容。理解和掌握这些原理，对于提高新闻传播的效果，增强新闻传播的社会影响力具有重要的意义。

第二节　媒介环境对新闻写作的影响

媒介环境是指新闻写作所依托的传播媒体和技术工具的总和，包括印刷媒体、广播、电视以及互联网等。不同的媒介环境对新闻写作产生着深远的影响。

一、媒介环境对新闻写作的影响

（一）对新闻写作的速度和时效性的影响

在传统的印刷媒体时代，新闻写作的速度和时效性受到了一定的限制。在这个时代，新闻报道需要经历多个环节，包括采集信息、编辑、排版和印刷等，这些环节需要一定的时间和人力资源。由于这些限制，新闻报道往往需要等待一定的时间才能被读者获取到。这种延迟使得新闻报道无法满足即时性的需求，特别是对于重大事件或突发事件的报道，往往存在着信息过时的问题。

随着广播、电视和互联网的出现，新闻报道的速度和时效性得到了显著提升。首先，广播和电视媒体的出现使得新闻报道可以实时传播。广播和电视台可以通过直播或紧急新闻快讯的形式，将最新的新闻信息迅速传递给观众和听众。这种实时性的传播方式大大缩短了新闻报道的时间，使得观众和听众能够第一时间获取到最新的消息。其次，互联网的兴起进一步改变了新闻写作的速度和时效性。互联网的出现使得新闻报道可以随时随地发布，实现了全天候的信息传播。新闻机构可以通过在线新闻网站、新闻应用程序和社交媒体等平台，迅速发布新闻内容。这种实时性的传播方式使得读者可以随时获取最新的新闻报道，无论是通过电脑、手机还是其他移动设备。此外，社交媒体的兴起进一步加快了新闻信息的传播速度。社交媒体平台和自媒体成了新闻报道的重要渠道。人们可以通过社交媒体平台分享和传播新闻内容，使得新闻信息迅速传播开来。社交媒体的特点是信息传播的迅速性和广泛性，用户可以通过转发、评论和点赞等方式将新闻内容传播给更多的人群。这种社交媒体的传播方式大大提高了新闻报道的曝光度和传播速度，使得新闻写作的时效性要求更高了。

（二）对新闻写作的形式和风格的影响

媒介环境对新闻写作的形式和风格产生了重要影响。不同的传播媒体具有不同的特点和表达方式，因此新闻写作需要根据媒介环境的要求进行调整和创新。下面将分别探讨印刷媒体、广播和电视，以及互联网对新闻写作形式和风格的影响。

在印刷媒体时代，新闻写作主要以文字为主，受到版面限制。由于纸质媒体的版面有限，新闻报道需要在有限的空间内传递尽可能多的信息。因此，新闻写作在这个时代更加注重文字的准确性和简洁性。新闻报道通常以标题、导语和正文的形式呈现，标题需要简明扼要地概括新闻要点，导语需要吸引读者注意并提供背景信息，正文需要逐步展开细节。在印刷媒体时代，新闻写作强调客观、准确和简练的表达方式，以便在有限的版面上传递信息。

随着广播和电视媒体的出现，新闻报道的形式和风格发生了变化。广播和电视媒体注重图像和声音的传播，使得新闻写作需要考虑到视听效果和语言的表达方式。广播和电视新闻报道通常以口播、配图和视频的形式呈现。在广播媒体中，新闻写作需要注重声音的表达和语调的控制，以便让听众能够清晰地理解和接收信息。在电视媒体中，新闻写作需要注重图像的选择和处理，以及场景和画面的呈现，通过视觉效果来增强信息的传达。在广播和电视时代，新闻写作注重直观性、声像感和情感因素的表达，以吸引观众和听众的注意力。

互联网的兴起使得新闻写作形式和风格变得更加多样化和丰富。在互联网时代，新闻报道可以融合多种媒介形式，包括文字、图片、视频和音频等。新闻写作人员可以通过多媒体的手段来呈现新闻内容，以吸引读者的注意力和提供更全面的信息。例如，在互联网新闻网站上，新闻报道通常以多媒体的形式展示，包括配图、视频剪辑、音频采访等，以丰富报道的内容和形式。此外，在社交媒体平台上，新闻写作还可以通过短文、动图、直播等形式进行创新，以吸引年轻读者和社交媒体用户的关注。

总的来说，媒介环境对新闻写作的形式和风格产生了显著影响。印刷媒体时代，新闻写作注重文字的准确性和简洁性；广播和电视媒体时代，新闻写作注重图像和声音的传播；在互联网时代，新闻写作融合了多种媒介形式，多样化的表达方式给新闻写作带来了更大的创作空间。新闻写作人员需要根据媒介环境的要求，灵活调整和创新新闻写作的形式和风格，以更好地满足读者的需求和提供丰富多样的新闻体验。

（三）对新闻写作的传播范围和受众的影响

不同的传播媒体具有不同的覆盖范围和受众特点，因此新闻写作需要根据媒介环境选择适当的内容和表达方式，以吸引和满足目标受众的需求。例如，印刷媒体的覆盖范围相对有限，新闻报道更加注重地方性和针对性；而互联网的全球性传播特点使得新闻报道可以更广泛地传播，新闻写作需要更注重全球视野和多元文化的表达。

二、媒介环境给新闻带来的机遇与挑战

（一）媒介环境给新闻带来的机遇

媒介环境也为新闻写作带来了机遇。首先，互联网的兴起使得新闻写作不再受到传统媒体的局限，任何人都可以成为新闻的报道者和传播者。这为新闻写作提供了更多的来源和视角，丰富了报道内容和多样性。其次，社交媒体的兴起使得新闻写作可以更加直接地与读者互动和沟通。新闻写作可以通过社交媒体平台与读者进行实时的互动和反馈，增加读者的参与度和黏性。

（二）媒介环境给新闻带来的挑战

互联网的普及使得信息的真实性和准确性受到了质疑。在新闻写作中，虚假信息的传播和不负责任的报道成了一个严重的问题。新闻写作需要更加注重事实核实和真实可信的报道，以应对信息的混乱和不确定性。首先，新闻写作需要更加注重信息的准确性和真实性。由于新闻报道的速度要求较高，新闻写作人员在获取和发布信息时需要更加谨慎，确保新闻内容的准确性。错误或虚假的信息可能会迅速传播，对读者产生误导和负面影响。因此，新闻写作人员需要更加注重事实核实和权威信息的获取，以保证新闻报道的可信度。

其次，新闻写作需要更加注重快速获取、整理和分析信息的能力。在信息爆炸的时代，新闻写作人员需要具备迅速判断信息价值和真实性的能力，准确抓住关键信息。同时，他们需要具备快速整理和编辑信息的能力，以便尽快发布新闻内容。这对新闻写作人员

的专业素养和工作效率提出了更高的要求。

总的来说，媒介环境对新闻写作产生了广泛而深刻的影响。不同的媒介环境要求新闻写作具备不同的特点和能力，新闻写作需要根据媒介环境的要求进行灵活调整和创新。在媒介环境的变化中，新闻写作需要保持其核心价值，即真实、客观、公正地报道事实，同时不断适应和应用新的媒介技术，以提供更好的新闻服务和满足读者的需求。

媒介环境的多样化和碎片化使得读者的注意力更加分散，对新闻的关注度和阅读深度有所下降。新闻写作需要更加注重吸引读者的注意力，提供有深度、有价值的报道内容，以保持读者的阅读兴趣和参与度。

新闻写作的速度和时效性的提高也带来了一些挑战。

第三节　新闻写作的基本要素

新闻写作是一门综合性的艺术，它要求记者具备一定的技巧和素养，同时遵循一些基本要素。详细介绍新闻写作的基本要素，并探讨如何打造准确、客观、生动的报道。

新闻写作是一项关键的传媒技巧，要求记者在有限的篇幅内传达出事件的核心信息。以下是新闻写作的基本要素：

一、标题

新闻标题是吸引读者注意力的重要工具，它应简明扼要、准确传达新闻的主题和要点。记者在写新闻标题时，应注意选择具体词汇，强调关键信息，概括要点，并遵守新闻道德和规范。通过灵活运用这些技巧，记者能够撰写出引人入胜、准确生动的新闻标题，吸引读者的关注并传递新闻的核心内容。好的新闻标题能够吸引读者的眼球，提供足够的信息量，引发读者的兴趣，并准确传达新闻的主题。记者应在写作过程中多次修改和校对标题，确保其简明扼要、准确无误。同时，记者应遵循新闻道德和规范，不编造虚假信息，不夸大事实，以保持新闻的客观性和可信度。通过运用这些技巧和原则，记者能够打造具有吸引力和准确性的新闻标题，为读者提供高质量的新闻信息。例如，最近的一条新闻标题如下："全球变暖：科学家发出警告，气温升高或引发严重气候灾难。"这个标题准确地概括了新闻内容，并通过吸引读者对全球变暖问题的关注来吸引他们继续阅读。

二、导语

新闻导语是新闻报道开头的重要部分，它的作用是引导读者进入新闻主题，并概括出新闻的关键要点。导语应该简洁明了，能够吸引读者继续阅读。记者可以使用生动的描述、引人入胜的故事或引用相关数据来吸引读者的注意力，并概括出新闻报道的核心内容。导语应具备吸引力、准确性和客观性，同时尽量避免主观评价或过多的个人观点。

好的导语能够激发读者的兴趣，让他们对新闻内容产生好奇，并继续阅读下去。它应该具备以下特点。

第一，引人入胜。导语应该用引人入胜的方式开篇，吸引读者的眼球。可以运用生动的描述、引人入胜的故事或有趣的细节来吸引读者的注意力。

第二，概括关键信息。导语应该概括出新闻报道的关键要点，让读者快速了解新闻的主题和内容。它应该传达新闻的核心信息，让读者对新闻事件有一个基本的了解。

第三，准确客观。导语应该准确传达事实，保持客观性。记者应该避免夸大事实或误导读者，确保导语的准确性和可信度。

第四，简洁明了。导语应该简洁明了，用简短的语句表达出关键信息。避免冗长和拖沓，让读者一目了然。

第五，避免主观评价。导语应该尽量避免主观评价或个人观点的表达。它应该提供客观的事实和信息，让读者形成自己的判断。

例如，一篇关于环境保护的新闻报道的导语可以是："全球变暖问题日益严重，气候变化给地球带来了巨大挑战。最新的研究显示，温室气体排放导致的海平面上升速度超出了预期，沿海地区面临着严重的洪灾风险。本书将深入探讨全球变暖的原因和影响，以及采取行动应对气候变化的重要性。"这个导语通过引人入胜的方式吸引了读者的注意力，并概括出了全球变暖问题的关键信息，让读者对后续内容产生兴趣。

总之，新闻导语是新闻报道的开篇部分，其作用是引导读者进入新闻主题，并概括出新闻的关键要点。记者应该在导语中运用生动的描述、引人入胜的故事或引用相关数据来吸引读者的注意力，并保持准确性和客观性。好的导语能够激发读者的兴趣，让他们继续阅读并深入了解新闻事件的详情。

三、五个 W 和一个 H

新闻报道需要回答五个 W 和一个 H，即 Who（谁）、What（什么）、When（何时）、Where（何地）、Why（为什么）和 How（如何）。这些要素帮助读者了解事件的基本情况，提供全面的信息。记者在报道中应该尽量回答这些问题，确保读者能够获得必要的背景和上下文信息。通过回答五个 W 和一个 H，记者能够向读者传递事件的发生、参与者、地点、原因、经过和结果等关键信息，使报道更具完整性和准确性。

Who（谁）：这个问题回答了事件中的主要参与者或相关人物。记者应该报道涉及的人物身份、职位、背景等信息，以帮助读者了解事件的相关人士。例如，一篇关于政府会议的报道会回答"谁"参加了会议，包括政府官员、专家、代表团等。

What（什么）：这个问题回答了事件的核心内容和性质。记者应该明确报道事件的具体内容、主题或事件类型。例如，一篇关于体育比赛的报道会回答"什么"比赛举行，例如足球比赛、篮球比赛等。

When（何时）：这个问题回答了事件的发生时间。记者应该提供确切的日期、时间和时间段，以便读者了解事件发生的具体时间范围。例如，一篇关于音乐会的报道会回答"何时"音乐会举行，例如具体的日期和开始时间。

Where（何地）：这个问题回答了事件的发生地点。记者应该提供具体的地理位置或场所，以帮助读者了解事件发生的具体地点。例如，一篇关于自然灾害的报道会回答"何地"受灾地区的名称或地理坐标。

Why（为什么）：这个问题回答了事件的原因或动机。记者应该提供事件发生的背景、原因和相关因素，以帮助读者理解事件的起因和动因。例如，一篇关于经济衰退的报道会回答"为什么"经济衰退发生，例如经济政策、市场变化等因素。

How（如何）：这个问题回答了事件的经过、过程或方式。记者应该描述事件发生的具体过程、行动或方法，以帮助读者了解事件的具体细节。例如，一篇关于科技创新的报道会回答"如何"进行科技创新，例如采用了哪些技术、方法或策略。

通过回答五个 W 和一个 H，记者能够提供事件报道所需的基本信息，帮助读者全面了解事件的背景、情况和影响。这些要素在新闻报道中起着重要的作用，使报道更加准确、完整和客观。记者应该在写作过程中充分考虑这些要素，并通过合理的组织和描述，将关键信息传递给读者。

四、结构

新闻报道通常采用倒金字塔结构，即先呈现最重要的信息，再逐渐展开到次要信息。这样的结构使得读者能够在阅读开头部分就获取到核心内容，方便他们在时间有限的情况下获取必要的信息。新闻结构主要包括以下几个部分：

Lead（导语）：导语位于新闻报道的开头，用简洁明了的语言概括出新闻的关键要点。导语的目的是引导读者进入新闻主题，并激发他们的兴趣。它应该回答五个 W 和一个 H，传递新闻的核心信息。

Body（正文）：正文部分是新闻报道的主要内容，它按照重要性递减的顺序展开。第一段应提供最重要、最关键的信息，回答读者最迫切的问题。接下来的段落逐步展开其他相关信息，补充细节和背景。每个段落应该围绕一个主题或观点展开，使用简洁明了的语言。

Quotes（引用）：在新闻报道中引用相关人士的观点、言论或回答可以增加报道的可信度。引用可以让读者更深入地了解事件，并且能够为报道提供权威性和丰富性。引用部分通常出现在正文中，用引号标识出来，并注明引用者的身份和背景。

Background（背景信息）：背景信息部分用于提供与新闻事件相关的背景知识。这包括事件的历史背景、相关统计数据、专家观点等。背景信息的目的是让读者更全面地了解事件，提供深入分析和理解的基础。

Conclusion（结论）：结论部分是对整个新闻报道进行总结和概括。它可以强调事件的重要性、影响或未来发展趋势。结论部分应简明扼要，给读者一个清晰的结束点，并鼓励他们对新闻事件进行进一步思考或行动。

通过以上的结构安排，新闻报道能够在有限的篇幅内传达出事件的核心信息，并提供必要的背景和细节。记者应该根据新闻事件的重要性和读者的需求，合理组织新闻结构，使报道内容条理清晰、层次分明，让读者能够快速获取所需信息。

五、事实和证据

新闻报道必须基于可靠的事实和证据，这是保证报道可信度和客观性的关键。记者需要进行调查和采访，收集足够的信息和证据来支持他们的报道。

事实是新闻报道的基石，它们提供了真实和准确的信息，帮助读者了解事件的真相和背景。基于事实的报道具有可信度和可靠性，能够建立记者的信誉和媒体的声誉。事实不仅可以支撑报道的准确性，还可以避免虚假信息的传播，对公众和社会具有重要影响。记者在进行新闻报道时，可以使用多种形式的证据来支持他们的观点和陈述。以下是一些常见的证据使用方法：

（一）采访

记者可以采访相关人士，包括目击者、专家、权威人士等，获取他们的观点和见解。这些采访的内容可以作为证据来支持报道。

（二）文件和数据

记者可以引用文件、报告、研究数据等官方或独立机构发布的信息作为证据。这些文件和数据通常具有权威性和可信度，可以增强报道的可信度。

（三）图片和视频

图片和视频可以作为直观的证据，提供事件发生现场的真实记录。记者可以使用摄影师拍摄的图片或获取现场视频来支持报道。

（四）文献引用

记者可以引用相关的学术文献、书籍、报纸杂志等，以支持报道的观点和陈述。这些引用的来源应该是可靠和可验证的。

记者在使用事实和证据之前，应进行核实和多方核实。他们需要仔细检查信息的来源和可靠性，确保其准确性和真实性。记者可以进行多个独立来源的核实，以确保报道的准确性。记者在报道中应注明事实和证据的来源，增加报道的透明度和可信度。读者可以通过查阅相关来源来验证报道的真实性和可靠性。记者也应注意避免误导读者或歪曲事实，保持客观和公正的立场。总之，新闻报道必须基于可靠的事实和证据，以保证报道的可信度和客观性。记者需要进行调查和采访，收集足够的信息和证据来支持他们的报道。他们应该核实信息的来源和多方核实，确保报道的准确性和真实性。通过使用事实和证据，记者能够提供可信、准确和客观的新闻信息，满足读者对真实报道的需求。

六、引用

在新闻报道中引用相关人士的观点、言论或回答可以增加报道的可信度。引用可以让读者更深入地了解事件，并且能够为报道提供权威性和丰富性。

引用是新闻报道的一种重要手段，它可以为报道增添权威性和可信度。通过引用相关人士的观点和言论，读者可以获得更多角度的理解和信息，形成自己的判断。引用还可以提供直接的证据和见证，增强报道的可信度和客观性。

记者在引用相关人士时，应遵循以下几个原则：

（一）选择合适的引用对象

引用应来自相关的权威人士、专家、目击者或有关方面，他们与报道事件有直接关联或在该领域具有专业知识。选择合适的引用对象可以增加报道的权威性。

（二）准确记录引用内容

记者应准确记录引用的内容，包括言辞、表达方式和语气。引用的内容应真实反映被采访者的观点，避免歪曲或断章取义。记者可以使用引号标注引用的部分，以示区别。

（三）标明引用的来源

在报道中应注明引用的来源，包括被引用者的姓名、职务、所属机构或其他相关信息。这样读者可以了解引用者的身份和背景，并验证引用的真实性和可靠性。

（四）尊重引用对象的权益

记者应尊重引用对象的权益，遵守相关的新闻道德规范和法律法规。在引用时要注意保护被采访者的隐私，不得侵犯其权益或造成不必要的困扰。

（五）平衡引用的观点

为了保持报道的客观性，记者可以尽量平衡引用的观点。在报道中引用不同的观点和意见，让读者获取多角度的信息，形成全面的理解。

引用在新闻报道中起着重要的作用，它可以为报道提供权威性、可信度和丰富性。记者应选择合适的引用对象，准确记录引用内容，并标明引用的来源。通过运用引用，记者能够向读者传递更多的信息和观点，使报道更加丰富和全面。同时，记者应遵守新闻道德和法律规定，尊重引用对象的权益，保持报道的客观性和可信度。

七、描述性语言

描述性语言在新闻写作中起着重要的作用，它可以使报道更具生动感和吸引力。适当的描写可以帮助读者更好地想象和理解报道中所描述的内容，提升报道的质量。以下是关于描述性语言的重要性和使用方法的说明：

（一）生动感和吸引力

描述性语言能够给读者带来身临其境的感受，使他们更加投入和参与。通过形象的比喻、细致的描绘和丰富的细节，描述性语言能够唤起读者的感官和情感，让他们与报道中的事件产生共鸣。

（二）具体而有力

描述性语言应该是具体而有力的，能够准确传达事件的细节和情感。记者可以使用具体的名词、形容词和动词来描述人物、场景、行为等，使报道更加具体和生动。避免使用笼统和模糊的词语，而要选择能够清晰表达意思的词汇。

（三）视觉和感官体验

描述性语言应该尽可能地让读者产生视觉和感官体验。通过形象的描写，让读者能够在脑海中形成具体的图像，感受到报道中所描述的情景。使用形容词和副词来表达颜色、形状、声音、味道和触感等感官细节，让读者更加身临其境。

（四）情感和情绪

描述性语言可以唤起读者的情感和情绪，使他们更加投入和感受报道中所传递的信息。记者可以通过使用情感色彩的词语、描绘人物的情绪和行为等方式，引发读者的情感共鸣，并引起他们的共鸣和关注。

（五）适度而平衡

使用描述性语言时，记者应该注意适度而平衡。描写的内容应与报道的主题和风格相符，不要过度渲染或夸张，保持报道的客观性和准确性。同时，记者也应注意避免使用主观评价或带有个人情感的词语，以保持报道的客观性。

通过运用描述性语言，记者可以使报道更具生动感和吸引力，让读者更好地理解和参与。适当的描写可以唤起读者的感官和情感，使他们与报道中的事件产生共鸣。记者应该选择具体而有力的词汇，传递清晰的图像和感官体验，同时保持适度和平衡，确保报道的客观性和准确性。

八、校对和编辑

校对和编辑是新闻写作过程中不可忽视的环节。它们对于确保报道的质量、准确性和可读性起着至关重要的作用。以下是关于校对和编辑的重要性和注意事项的说明：

（一）提高准确性

校对和编辑环节能够帮助记者发现并纠正拼写错误、语法错误、标点符号错误和其他不准确的信息。通过仔细检查报道的细节，确保信息的准确性和真实性。这对于保持报道的可信度和专业性非常重要。

（二）确保语言流畅

校对和编辑有助于确保报道的语言流畅、通顺和易读。编辑人员可以检查句子结构、段落组织和篇章连贯性，以提高报道的可读性。他们可以修改冗长的句子、调整段落顺序和提供替代词语，使报道更具清晰度和条理性。

（三）校对事实和数据

在校对和编辑过程中，编辑人员应确保报道中引用的事实、数据和统计信息的准确性。他们可以查证数据来源、核对引用的文件和报告，并确保这些信息的真实性和可靠性。这样可以避免错误的传播和误导读者。

（四）校对人名和引文

编辑人员应该仔细核对报道中出现的人名、组织机构和引文的准确性。他们可以查证相关信息、核对拼写和格式，并确保引文准确地反映被引用者的观点和言论。这可以增加报道的可信度和专业性。

（五）统一风格和格式

校对和编辑过程中，编辑人员应确保报道遵循统一的风格和格式。这包括一致的标点符号使用、标题和副标题的格式、引用的样式等。通过保持统一的风格和格式，可以提高报道的专业性和整体形象。

（六）保护隐私和敏感信息

编辑人员应注意保护个人隐私和敏感信息。他们应仔细审查报道中涉及的个人身份、个人信息和敏感数据，确保符合相关的法律和道德规范。在必要的情况下，可以模糊或删除敏感信息，以保护相关人士的权益和隐私。

（七）审查整体质量

编辑人员在校对和编辑过程中不仅关注细节，还应审查报道的整体质量。他们可以评估报道的结构、逻辑性、信息完整性和报道的价值。通过审查整体质量，可以确保报道具有高质量的新闻价值和专业性。

总之，校对和编辑是新闻写作过程中不可或缺的环节。它们能够提高报道的准确性、语言流畅性和整体质量。记者应该注重细节，对自己的报道进行多次校对，确保文句通顺、内容准确，并及时纠正错误。编辑人员应仔细审查报道，确保统一的风格和格式，并保护个人隐私和敏感信息。通过校对和编辑的努力，可以提升报道的质量、可信度和专业性。

新闻写作要求记者具备丰富的知识储备、良好的调查采访能力和敏锐的观察力。同时，记者还需要遵循新闻写作的基本要素，包括标题的力量、五个 W 和一个 H、结构的重要性、事实和证据的支撑、引用的力量、描述性语言的运用以及校对和编辑的重要性。通过合理运用这些要素，记者可以打造准确、客观、生动的报道，为读者提供高质量的新闻信息。记者应始终秉持准确性、客观性和生动性的原则，通过精心撰写和编辑，为读者呈现具有深度和影响力的新闻报道。

第二章　新闻选题与采编

第一节　新闻选题的方法与技巧

在现代社会，新闻媒体是公众获取信息的主要方式。新闻选题是新闻制作的第一步，它直接影响到新闻的质量和受众的关注度。下面将从理论和实践两个层面，详细讲解新闻选题的方法与技巧，并结合具体案例进行分析。

一、新闻选题的理论方法

（一）热点追踪法

新闻选题是新闻报道的第一步，也是最为关键的一步。好的选题能引导公众关注重要的社会事件，满足公众的信息需求，同时也能提高新闻的影响力和公众认同度。在新闻选题的方法中，"热点追踪法"是一种被广泛使用的有效策略。

热点追踪法的核心思想在于，新闻工作者通过密切关注社会上正在发生或即将发生的重大事件，找到并报道其中的新闻热点。这一方法的应用不仅可以满足公众对热点事件的强烈关注需求，同时也能反映社会的最新动态。

要精准运用热点追踪法，新闻工作者首先需要跟踪社会热点事件。这些事件通常涉及政府、经济、教育、科技、文化等多个领域，如政府政策的变化、新的科技创新、大型文化活动的举行等。新闻工作者需要保持敏感度，对这些热点事件进行深度报道。

然而，对于热点事件的报道，单纯的事实报道远远不够，需要进行深度报道。这就需要新闻工作者从多个角度对事件进行剖析，挖掘事件的背后原因、影响及可能带来的后果，让公众能更全面地了解事件。此外，热点事件通常会随着时间的推移而发展变化，因此新闻工作者需要持续关注，实时更新报道内容，满足公众对最新信息的需求。

热点追踪法是一种非常实用的新闻选题方法。它要求新闻工作者具有敏锐的新闻感觉，能够迅速捕捉到社会上的热点事件，进行深度和及时的报道，从而满足公众的信息需求。通过精准地运用热点追踪法，新闻工作者能更好地服务于社会和公众，提高新闻的价值和影响力。

（二）深度挖掘法

新闻，作为信息的载体，它的价值不仅在于传递信息，更在于引发思考，揭示真相。在新闻选题的过程中，一种称为"深度挖掘法"的策略正在为我们提供深入分析和探讨社会问题的可能。通过深度挖掘法，新闻工作者能够把握住社会的脉搏，触及社会问题的核心，进一步推动公众的深度思考和社会的深层次讨论。

深度挖掘法主要关注一些长期存在但未引起公众广泛关注的社会问题。这些问题可以涵盖社会、经济、科技、教育、环境等多个领域，例如环境保护、社会公正、科技进步等。这些看似微小的问题，其实包含着社会发展的重要线索和趋势。

运用深度挖掘法进行新闻选题，新闻工作者需要进行深度的研究和分析，将表面看似普通的事情进行深入挖掘，找出隐藏在背后的深层次原因和影响。这种深度报道不仅能提供公众更多的信息，更能引发公众的思考，引起更深层次的社会讨论。

例如，全球气候变化这个话题，尽管它长期以来都存在，但在很长一段时间里，公众并没有给予它足够的关注。然而，当新闻机构开始运用深度挖掘法，深入分析全球气候变化的原因、影响以及可能的解决办法，这个问题开始引起公众的广泛关注。这种深度挖掘不仅提高了公众对气候变化问题的理解，也推动了全球关于环境保护的深层次讨论。

深度挖掘法是新闻选题的重要策略，它能帮助新闻工作者发现并深入挖掘那些被忽视的社会问题，引发公众的思考和讨论，推动社会进步。运用这种策略，新闻工作者不仅是信息的传递者，更是引导社会深度思考的重要角色。通过深度挖掘法，新闻的价值和影响力得以进一步提升，从而更好地服务于社会和公众。

（三）人物聚焦法

新闻报道是我们理解世界的重要窗口，而人物聚焦法则为我们提供了一种从个体角度来理解社会大趋势的新视角。通过把焦点聚集在具有代表性或影响力的人物身上，我们可以讲述个体的故事，揭示更大的社会现象或问题，进而引发公众的关注和思考。

人物聚焦法的选题范围广泛，包括政界、商界、科技界、文化界等多个领域的人物。这些人物具有代表性或者影响力，他们的言行和经历往往可以反映出一个领域或者社会的发展趋势或者现象。

进行人物聚焦法的报道，记者需要进行深入的采访和了解，掌握这个人物的生活、事业、观点以及他与社会的关系等信息。然后通过讲述他的故事，来揭示更大的社会现象或问题。这种方式，既可以提供丰富、生动的新闻内容，也能帮助公众从个体的角度去理解和关注社会大问题。

以科技发展为例，记者可以选择一位杰出的科研人员作为新闻主角，通过讲述他的科研生涯和成就，揭示科技发展的重要趋势和现象。这种方法不仅可以突出科研人员的个人贡献，也能帮助公众更好地理解和关注科技发展的问题。

人物聚焦法为新闻选题提供了一种生动有趣的方法。它通过讲述个体的故事，揭示更大的社会现象或问题，从而引发公众的关注和思考。通过运用人物聚焦法，记者可以更好地捕捉到社会的脉搏，提供具有吸引力和深度的新闻报道，从而更好地服务于公众。

以上三种方法的选择，需要根据具体的新闻背景、公众需求和社会环境等因素综合考虑。新闻选题是新闻制作的关键步骤，需要运用科学的方法和技巧进行选题。同时，新闻工作者还需要具备敏锐的新闻嗅觉，才能捕捉到最有新闻价值的事件。作为新闻工作者，应灵活运用这些方法，寻找并挖掘出最有新闻价值的选题。只有这样，才能制作出既有深度又有广度的新闻，满足公众的信息需求，增强新闻的社会影响力。

二、新闻选题的实践技巧

（一）以人为本

新闻报道是为了向公众传达信息，引导舆论，反映社会现象。在这个过程中，我们不能忽视的一个重要原则就是——以人为本。这个原则要求我们在选题时，优先考虑到受众的兴趣、需求和期望，以此为依据进行新闻选题，以便更好地吸引和服务于受众。

首先，受众的兴趣是新闻选题的首要考虑因素。记者需要深入了解受众的兴趣爱好，选择能引起他们共鸣的话题进行报道。只有这样，新闻才能引起广大受众的关注，产生更大的社会影响力。

其次，受众的需求也是新闻选题的重要参考。记者应站在受众的角度，思考他们最需要了解哪些信息，从而提供符合受众需求的新闻报道。这样做不仅能满足受众的信息需求，也能增强新闻的实用性和价值。

再次，受众的期望也应纳入新闻选题的考量。记者需要了解受众对新闻的期望，选择能够满足他们期望的新闻主题。这样，新闻才能满足受众的心理需求，进一步提升新闻的吸引力。

以一家主要服务于年轻人的新闻网站为例，其记者在选题时，就应充分考虑年轻人对科技、娱乐、生活等领域的兴趣和需求，同时也要满足他们对新鲜信息的期望，以此为依据进行新闻选题。

以人为本是新闻选题的核心原则，它强调新闻应以受众为中心，紧紧围绕受众的兴趣、需求和期望进行。只有这样，新闻才能更加贴近受众，提高其社会影响力，更好地实现新闻的价值。

（二）以事为重

新闻报道的主要任务之一是为公众提供及时、准确的信息。要做到这一点，新闻选题必须遵循一个基本原则——以事为重。这意味着，新闻报道应关注实际发生的事件，特别是那些具有新闻价值的大事件和小事件。

首先，大事件往往由于其广泛的影响力和关注度，成为新闻报道的重要主题。政策变动、重大社会事件等，都是此类事件的典型代表。这些事件的发生，直接关系到社会的发展方向和公众的切身利益。因此，记者在进行新闻选题时，必须重点关注这些大事件。

然而，新闻并不只关注大事件。那些看似微不足道的小事件，如民生问题、社区活动等，也是新闻报道的重要内容。这些小事件，尽管影响力相对较小，但更贴近公众的日常生活，更能引发公众的共鸣。因此，记者在新闻选题时，也不能忽视这些小事件。

最后，无论大事件还是小事件，新闻选题的关键都是事件本身必须具有新闻价值。新闻价值主要包括时效性、重要性、广泛性、人性化等因素。只有具有新闻价值的事件，才能引发公众的关注，满足公众的信息需求。

以一家社区新闻网站为例，记者在进行新闻选题时，既要关注社区的大事件，如社区建设、政策变动等；也要关注社区的小事件，如邻里纠纷、社区活动等。这样，不仅能够反映社区的整体动态，也能够把握社区的细节变化，满足受众的多元化信息需求。

以事为重是新闻选题的关键原则。记者在选题时，必须关注实际发生的事件，特别是那些具有新闻价值的事件。这样，新闻才能真实反映社会现象，满足公众的信息需求。

（三）以时为准

新闻的生命在于其时效性。在新闻选题的过程中，"以时为准"是一个重要的原则。这个原则主要强调新闻的时效性，即新闻报道必须及时地反映事件的最新进展。没有时效性的新闻就会失去其吸引力和价值。因此，记者在进行新闻选题时，必须关注事件的最新动态，尽快地将新闻信息传达给公众。

首先，新闻的价值在很大程度上取决于其时效性。换句话说，新闻必须及时地报道事件的最新进展。这要求记者在新闻选题时，选择那些正在发生或即将发生的事件进行报道，从而保证新闻的及时性和准确性。

其次，对于那些持续发展的事件，记者需要进行持续的跟踪报道，及时更新事件的最新进展。这样，新闻报道不仅能及时反映事件的动态，也能持续吸引公众的关注。此外，新闻机构也需要有快速反应的能力，对突发事件立即进行新闻选题，以最快的速度报道事件的发生和发展。

以政府政策改革为例，这是一个长期发展的事件，需要记者进行持续的跟踪报道，反映政策改革的最新进展。同时，对于一场突发的自然灾害，记者需要快速反应，立即进行新闻选题，及时报道灾害的发生和救援情况。

"以时为准"是新闻选题的重要原则。记者在选题时，必须关注新闻的时效性，选择那些正在发生或即将发生的事件进行报道。这样，新闻才能真实、及时地反映社会现象，满足公众的信息需求。通过坚持这个原则，新闻机构可以提供最新、最准确的新闻信息，从而满足公众的信息需求，提高新闻报道的质量和影响力。

综上所述，以人为本、以事为重、以时为准是新闻选题的三大重要原则，它们共同指导新闻工作者找到并报道有价值的新闻，从而更好地服务于社会和公众。

第二节　新闻采访的基本要素

新闻采访是新闻报道中至关重要的环节，它能够为读者提供真实、客观的信息。为了进行一次成功的采访，记者需要掌握一系列基本要素，包括主题和目的、计划和准备、采访对象、提问技巧、倾听和观察、笔录和录音、尊重和道德以及后续工作。深入探讨这些要素，并结合一个真实的案例进行分析，才能更好地理解新闻采访的实践。

一、主题和目的

新闻采访是新闻报道中至关重要的环节，它能够为读者提供真实、客观的信息。为了进行一次成功的采访，记者需要掌握一系列基本要素，包括主题和目的、计划和准备、采访对象、提问技巧、倾听和观察、笔录和录音、尊重和道德以及后续工作。以下将深入探讨这些要素，并结合一个真实的案例进行分析，以便更好地理解新闻采访的实践。

主题和目的在新闻采访中的重要性不可忽视。主题是采访的核心议题或话题，目的是确定采访的目标和意图。一个明确而有吸引力的主题和明确的目的可以帮助记者在采访过程中更好地引导对话，并确保采访的内容与目标一致。

首先，主题的选择应该与新闻价值和读者兴趣相关。一个具有新闻价值的主题可以吸引读者的注意并引起关注。此外，主题也应与当前的时事和热点话题相关，以增加采访的实时性和吸引力。同时，选择涉及公众利益的主题，可以为公众提供有关社会问题、环境问题、人权问题等的信息，并推动社会进步。

其次，主题的独特性也非常重要。一个独特的主题可以帮助采访具备独家性和独特角度，从而吸引读者的注意并提供与众不同的观点和信息。此外，记者还应考虑采访的目标受众。了解目标受众的需求、兴趣和关注点，有助于记者确定适合的主题和目的，并以适当的方式呈现采访内容。

为了更好地理解主题和目的的重要性，让我们结合一个案例进行分析。假设记者决定采访一位当地教育家，主题是探讨当地教育系统中的问题和挑战，目的是揭示问题的根源并引起公众对教育改革的关注。通过这个主题和目的，记者可以与教育家深入讨论教育政策、师资培训、学生福利等问题，并向读者提供关于当地教育系统的深入报道和分析。

在这个案例中，主题的选择与教育问题的新闻价值和公众关注相关。目的是揭示当地教育系统中存在的问题，并引起公众对教育改革的重视。通过采访教育家并了解其观点和建议，记者可以提供具有深度和广度的报道，为读者提供关于当地教育问题的真实信息。

主题和目的在新闻采访中扮演着至关重要的角色。一个明确而有吸引力的主题和明确的目的可以帮助记者在采访过程中更好地引导对话，并确保采访的内容与目标一致。记者应选择与新闻价值和读者兴趣相关的主题，并确保主题与当前的时事和热点话题相关。此外，主题的独特性和与公众利益相关的选择也是成功采访的关键。通过案例分析，我们进一步理解了主题和目的的重要性，并如何运用它们来实施一次成功的新闻采访。

二、计划和准备

在新闻采访中，计划和准备是确保采访顺利进行和获得准确、全面信息的重要环节。记者需要通过充分的研究、资料收集、制定采访提纲以及了解采访对象等工作来做好准备。以下深入探讨计划和准备在新闻采访中的关键要素，以确保采访的成功和质量。

（一）研究主题

在进行采访前，记者应该对采访的主题进行深入研究。通过查阅报纸、杂志、学术研究、政府文件以及在线资源，记者可以了解主题的背景信息、相关的历史和政策背景，以及当前的动态。这样的研究可以帮助记者更好地了解主题，并为采访提供更有针对性的问题。

（二）收集资料

记者应该收集相关的资料和文献，以便更好地了解主题。这可以通过阅读相关的报道、研究和文献，查阅政府文件和官方发布的信息，以及利用在线资源和数据库来完成。收集的资料可以为采访提供背景知识和支持，启发更深入的问题，并确保采访的全面性和准确性。

（三）制定采访提纲

在采访前，记者应该制定一份采访提纲。采访提纲应该根据主题和目的进行设计，以确保采访的顺利进行和达到预期的目标。提纲应包括一个有逻辑顺序的问题序列，覆盖主题的不同方面和角度。通过制定采访提纲，记者可以更好地组织采访内容，避免遗漏关键问题，并引导采访对象提供更深入的回答。

（四）确定采访对象

记者需要确定采访的对象，并与其联系，安排时间和地点进行采访。根据主题和目的，选择合适的采访对象是至关重要的。采访对象可以是相关的专家、当事人、政府官员、行业领袖等。记者可以通过电话、电子邮件或面谈等方式与采访对象进行预约和沟通，确保双方的时间和地点的安排。

（五）了解采访对象

在采访对象确定后，记者应该对其进行更深入的了解。这可以通过查阅采访对象的个人资料、过去的言论和观点，了解其在相关领域的经验和背景。通过了解采访对象，记者可以更好地引导对话，提出更具针对性和深度的问题，增加采访的丰富性和准确性。

（六）充分准备设备

在进行采访时，记者需要携带必要的设备，例如录音机、摄像机、笔记本和笔等。记者应确保设备的正常运行和充足的电量，以便顺利记录采访内容和获取准确的信息。提前检查设备并备好备用电池或充电器是十分必要的，以避免设备故障导致信息的丢失或不完整。

（七）排除干扰因素

在进行采访之前，记者需要尽量排除干扰因素，以确保采访的专注和顺利进行。选择一个安静的环境，避免嘈杂的背景声音对采访对象和记者的干扰。合理安排采访的时间，避免与其他紧急事件冲突，以确保采访能够在充分的时间内进行。

计划和准备是新闻采访中的关键要素。通过充分的研究主题、收集资料、制定采访提纲、确定采访对象、了解采访对象、准备设备和排除干扰因素，记者可以在采访中更加自信和有条理。这些准备工作将为记者提供必要的信息和资源，使其能够与采访对象有效沟通，获取准确、有价值的新闻素材，并确保采访的成功和质量。

三、采访对象

新闻采访是新闻报道中不可或缺的环节，而选择合适的采访对象则是确保采访的成功与有效的关键要素。采访对象的选择应与主题和目的密切相关，以确保采访内容具有权威性和丰富性。在选择采访对象时，记者需要考虑多个因素，如专业性和专业知识、直接参与者和当事人、社会活动家和权益代表，以及企业领导和行业专家。

专业性和专业知识是选择采访对象时的重要考虑因素。专家、学者、从业者或业界领袖在特定领域具有权威性和专业性，他们能够提供准确、深入的信息和观点，使采访内容具有可信度和深度。

直接参与者和当事人也是重要的采访对象选择。这些人可能是受影响的个人、目击者或相关组织的代表。他们能够提供亲身经历和真实见解，为采访增添真实性和情感共鸣。

政府官员和决策者在某些主题中扮演着重要的角色。通过与政府官员进行采访，可以获得政策制定和执行的内部视角。他们能够提供相关政策、法规和政府机构的立场和解释，为读者提供政府层面的观点。

社会活动家和权益代表也是采访对象的重要选择。与他们进行采访可以了解社会问题、热点话题和社会变革的不同视角。他们代表着弱势群体、倡导特定权益或推动社会进步，他们的见解和观点能够为采访增加多样性和包容性。

此外，与企业领导和行业专家进行采访可以了解商业决策、市场趋势、企业发展策略等商业领域的见解和观点。他们的专业知识和经验能够为采访提供商业角度和商业智慧。

在选择采访对象时，记者需要考虑采访对象的可靠性、可获取性和公众知名度。采访对象应愿意参与采访，并具备与主题相关的专业知识和经验，以确保采访的质量和可信度。

最重要的是，记者在选择采访对象时应秉持客观和公正的原则，避免偏袒或失衡的报道。通过选择多个不同的采访对象，并听取不同观点和意见，记者可以获得更全面和客观的报道。

选择合适的采访对象对于一次成功的新闻采访至关重要。专业性和专业知识、直接参与者和当事人、社会活动家和权益代表，以及企业领导和行业专家都是记者在采访过程中需要考虑的重要因素。通过谨慎选择采访对象，并确保他们具备相关专业知识和经验，记者能够获得权威、丰富的信息，为读者呈现全面、客观的报道。

四、提问技巧

在各种场合中，提问技巧都扮演着重要的角色，特别是在采访和交流中，它更是至关重要的。良好的提问技巧能够帮助引导对话、获取准确的信息，并促进深入的讨论。下面将介绍一些常用的提问技巧，以帮助您在各种场合中更好地引导对话和获取有价值的信息。

首先是开放式问题。开放式问题是那些不能简单回答是或否的问题，而需要对方提供详细回答的问题。通过使用开放式问题，我们可以激发对方的思考，促使他们提供更多的信息和观点。这类问题通常以"什么、为什么、如何、请描述"等开放性词语开始，能够引导对话朝着更深入的方向发展。

另一方面，封闭式问题也是常用的技巧之一。封闭式问题是那些可以简单回答是或否的问题，或者提供明确答案的问题。这种问题通常用于确认事实、获取具体信息或验证观点。封闭式问题有助于获取准确的答案，并可以用于澄清或核实特定信息。

追问问题是另一个重要的技巧。通过追问问题，我们可以深入挖掘对方的观点、推理和论证。这种技巧有助于更好地理解对方的意图和想法，并促进更深入的对话。追问问题可以使对话更富有深度，帮助我们获取更丰富的信息。

在引导对话时，反向提问也是一个有效的技巧。通过使用相反或反面观点的问题，我们可以激发对方的思考和辩论，促使他们提供更多的观点和证据。反向提问有助于拓宽对话的视野，促进更全面和深入的讨论。

多个选择题是引导对话的另一种方法。这类问题提供多个选项供对方选择，从而使对方在有限的选项中表达自己的观点，并促使他们思考和比较不同的选择。

情感和个人经历问题能够为对话增添真实性和情感共鸣。通过询问关于个人经历、情感或体验的问题，我们可以促使对方分享更真实和深刻的故事，增加情感共鸣和人性化的元素。这类问题能够为对话带来更丰富的内容，使我们更好地理解对方的观点和感受。

在处理敏感问题时，我们需要特别谨慎和尊重对方的隐私和感受。避免过于直接或冒犯性的问题，尽量以开放式问题或渐进的方式引导对话，建立信任和舒适的环境。

最后，重述和澄清问题是确保我们正确理解对方表达意思的重要技巧。通过将对方的回答重述或澄清问题，我们可以避免误解和错误的推断，并确保准确传达对方的意图和观点。

在各种场合中，合理运用这些提问技巧能够帮助我们引导对话、获取准确的信息，并促进深入的讨论。通过灵活运用开放式问题、封闭式问题、追问问题、反向提问、多个选择题、情感和个人经历问题，以及重述和澄清问题等技巧，我们能够成为更有效的沟通者，更好地理解和传达他人的观点和意见。

五、倾听和观察

在有效的沟通和成功的采访中，倾听和观察是至关重要的技巧。倾听意味着专注地聆听对方的言辞和表达，而观察则指留意对方的非语言表达和周围环境。本书将探讨倾听和观察的重要性以及如何应用这些技巧，以实现更好的沟通和采访效果。

倾听是一种积极的沟通技巧，体现了对对方观点和感受的关注和尊重。它要求我们全神贯注地专注于对方的言辞，避免干扰和中断。在倾听过程中，我们首先，给予对方足够的时间来表达自己的观点和意见。不要急于打断或提出自己的观点，要给予对方充分的表达空间。

其次，保持眼神接触和肢体语言的开放性。这样可以传递出我们的关注和尊重，并给予对方舒适感。同时，使用肯定性的回应，例如点头示意、微笑或鼓励的言辞，以表明我们在倾听和理解对方的观点。最后，要保持客观和中立的态度，不要预设立场或做出评价。尊重对方的意见，即使与自己的观点不同，也要保持开放的心态。

观察是通过留意对方的非语言表达和环境因素来获取更多信息的技巧。在观察过程中，我们首先，注意对方的肢体语言、面部表情和身体姿势。这些可以提供对方情感和态度的线索，有助于更好地理解他们的观点。其次，留意对方的语调、音量和语速。这些语言的细微变化可以传达出更深层的意思和情感。同时，观察环境因素，例如周围的氛围、其他人的反应以及任何潜在的干扰因素。这些因素可以影响对话的进行和对方的表达。最后，注意自己的反应和感受。观察自己的情绪和反应，可以帮助我们更好地理解自己对对话的影响，并适时调整自己的表达方式。

通过倾听和观察，我们能够更好地理解对方的观点、意图和情感，并在沟通和采访中取得更好的效果。这些技巧需要不断地练习和培养，但一旦掌握，它们将成为我们实现有效沟通和成功采访的关键要素。

六、笔录和录音

在新闻采访和其他重要场合中，笔录和录音是记录和保留对话内容的常用方式。它们是记者和采访者的关键工具，帮助他们准确记录重要信息，并在需要时进行回顾和参考。在本书中，我们将探讨笔录和录音的重要性以及如何应用这些技巧。

笔录是一种将对话内容书面记录下来的方法。通过使用笔和纸，记者或采访者可以在采访过程中快速记录对话的要点、重要观点和关键细节。这种记录方式具有一些关键要点：首先，要聚焦要点。重点记录对话中的主要观点、重要信息和具体事实。避免过多地记录次要细节，以确保笔录的准确性和简洁性。其次，采用简洁的标记方式。使用简单的缩写、符号和关键词来记录对话，以提高速度和效率，并使笔录更易于阅读和理解。在采访结束后，将笔录进行整理和组织，以确保信息的清晰和易于查找。可以按照时间顺序或主题分类进行整理，提高信息的可读性和可用性。在整理笔录时，核对所记录的内容与对话的准确性。如有必要，可以与采访对象核实细节和观点，以确保信息的准确性。

录音是使用录音设备将对话内容以声音形式记录下来的方法。通过录音，记者或采访者可以完整地保留对话的每个细节，以便在后期进行回放和参考。录音具有以下关键要点：选择质量良好、易于使用和可靠的录音设备。确保设备能够清晰地记录对话，并具有足够的存储容量。在录音前，与对方明确说明并征得其许可。尊重对方的意愿和隐私，并确保在合法和道德的范围内使用录音内容。将录音设备放置在适当的位置，以确保能够捕捉到清晰的声音。避免将设备放置在嘈杂的环境中，以免影响录音质量。除了录音，记者或采访者也可以同时进行笔录，以备不时之需。这样可以在录音不清晰或出现技术故障时，有备份的记录可供参考。在录音结束后，及时进行标记并整理录音文件。标记关键时间点或重要观点，以便在后期回放和查找时更加方便。在使用笔录和录音时，我们必须尊重他人的意愿，并遵守当地的法律和道德准则，保护记录的安全和隐私。

无论是选择笔录还是录音，它们都是宝贵的工具，帮助记者和采访者记录对话内容，确保信息的准确性和完整性。通过合理运用这些工具，记者能够进行更好的报道，并为读者呈现全面、客观的信息。

七、尊重和道德

记者在进行采访时应尊重采访对象的隐私和权益，遵守职业道德规范。在案例中，记者需要避免使用欺诈手段，尊重采访对象的观点和意见，并避免冒犯或尴尬的提问。这样可以建立起信任和合作的关系，并获得更好的采访结果。尊重和道德在各种交流和人际互动中都起着至关重要的作用。无论是在日常生活中还是在专业领域，尊重他人和遵循道德准则都是维持良好关系和建立信任的基础。尊重他人是一种基本的人际交往原则，体现了对他人权利、感受和尊严的尊重。在沟通和采访中，尊重是建立互信和有效沟通的基础。道德准则是行为和决策的指导原则，有助于维持社会秩序和公正。在采访和报道中，遵循道德准则是确保真实性、公正性和尊重受访者的关键。尊重和道德是良好沟通和采访的基础，它们不仅有助于建立信任和互动，还能够维护公正、公正和社会和谐。在我们的日常行为中，始终保持尊重和遵循道德准则是塑造积极形象和获得他人尊重的关键。

八、后续工作

在进行一次采访后，后续的工作是整理、编辑和利用所收集到的信息，以完成一篇准确、有价值的报道或文章。这个过程包括多个关键步骤，确保信息的准确性、流畅性和可信度。

首先，整理笔记或录音。如果您进行了笔录或录音，首先需要仔细整理和回顾所记录的内容。将对话整理成逻辑清晰的顺序，并标记关键信息和引用。这样可以为后续的编辑和撰写提供清晰的参考。接下来，补充缺漏。在整理过程中，您可能会发现一些缺漏或需要进一步了解的细节。这是时候与采访对象联系，核实细节或寻求更多信息。确保您的报道准确无误，并填补任何信息的空白。然后，进行编辑和结构化。根据您的报道或文章的主题和目的，对信息进行编辑和结构化。确定主要观点和重要细节，并将其组织成一个有条理的结构。这样可以确保信息的流畅性、连贯性，并具备逻辑性。编辑过程中，注意语法、拼写和文体的准确性。在编辑过程中，引用和注释是不可忽视的部分。在适当的位置引用和注释您的信息来源。这有助于提供支持和证明您报道的可靠性和可信度。确保遵循引用规范和道德准则，对来源进行适当的标注。

接着，编写草稿。根据整理和编辑的内容，编写一份初稿。这是一个可以进一步修改和完善的起点。在草稿中，注意语言的准确性和表达的清晰度。检查句子和段落的流畅性，并确保每个观点都得到充分支持和解释。进行重审和修改是不可或缺的步骤。仔细审查草稿，检查逻辑和信息的连贯性，确保每个段落和部分都顺畅过渡。修改和调整句子、段落和结构，以提高可读性和清晰度。确保信息的精确性和专业性。在完成初稿后，进行事实核实和验证。再次核实报道的事实和信息，确保准确性，并避免不准确或误导性的内容。与采访对象或其他可靠的资源联系，确保报道或文章的准确性和可信度。与相关人士合作也是一个重要的步骤。如果可能的话，与其他专家、相关人士或编辑进行讨论和反馈。他们的意见和建议可以帮助您完善报道或文章，并提供新的视角。接受反馈并进行必要的修改和调整。最后，进行最终编辑和校对。仔细检查稿件，包括语法、拼写、标点符号和排版的准确性。确保每个细节都经过仔细审查，以保证报道或文章的专业性和可靠性。

在后续工作中，还需要确定发布渠道，并考虑如何最大化报道或文章的影响力。这可能包括选择合适的媒体平台、与其他媒体合作进行推广，以及积极参与相关讨论和分享。后续工作是确保您采访工作的成功和产出有价值内容的重要一步。通过仔细整理、编辑和验证信息，并与相关人士合作和接受反馈，您可以确保您的报道或文章在准确性、可读性和专业性上达到高标准。

新闻采访是新闻报道中至关重要的环节，记者需要掌握一系列基本要素来确保采访的质量和准确性。主题和目的、计划和准备、采访对象、提问技巧、倾听和观察、笔录和录音、尊重和道德以及后续工作是成功采访的关键要素。通过实践和不断的提升，记者可以成为熟练的采访者，为读者带来丰富、全面的新闻报道。

第三节　新闻资料的收集与整理

在新闻报道中，准确和全面的资料是保证报道质量的关键因素。新闻工作者需要有效地收集和整理相关的信息和数据，以确保报道的准确性、客观性和权威性。下面将介绍新闻资料的收集和整理的关键步骤与方法，以及重要性。

一、新闻资料的收集

新闻报道的准确性和客观性离不开有效的资料收集。在新闻写作中，记者需要收集可靠的信息和证据来支持报道。下面将介绍一些常用的新闻资料收集方法，以帮助记者进行准确、全面的报道。

首先，采访是一种重要的资料收集方式。记者可以通过面对面、电话、电子邮件或社交媒体等方式与相关人士进行采访。在采访过程中，记者需要提前准备好问题，并注意倾听和追问，以获取详细和准确的信息。

其次，案例研究是收集资料的另一种方法。通过深入研究个别案例，记者可以了解其中的细节和背景信息。这可以涉及个人、组织、事件等方面。案例研究可以通过调查、文献研究、采访等方式进行。

调查和调查问卷也是收集资料的有效手段。记者可以设计和实施调查问卷、调查表或在线调查，以收集公众的观点、意见和数据。这些调查可以帮助记者了解大众对某个话题或事件的看法。

此外，文献和报告也是重要的资料来源。记者可以查阅相关的文件、报告、学术论文和政府文件等。这些资料可以提供详细的信息、统计数据和研究成果，为报道提供准确性和客观性的支持。

在互联网时代，网络和社交媒体成为新闻资讯的重要来源之一。记者可以利用搜索引擎、新闻网站、社交媒体帖子等获取不同来源的信息。然而，记者在使用互联网资料时应该谨慎，核实信息的可靠性和准确性。

此外，实地观察也是收集资料的重要途径之一。直接前往事件现场或特定地点进行观察和记录，可以提供直观的印象和第一手的资料，增加报道的可信度。

在进行新闻资料收集时，记者需要注意几个重要方面。首先是核实信息的来源和准确性，以确保所收集到的资料可信可靠。同时，记者也应尊重个人隐私和道德原则，在采访和收集资料时遵守相关法律和道德规范。此外，记者还应该多方求证，获取不同观点和证词，以避免偏见和片面性。

最后，记者需要组织和整理所收集到的资料，确保信息的清晰和易于查阅。在引用他人资料时，记者应注意版权和引用规范，注明出处，维护新闻报道的诚信性和透明度。

综上所述，新闻资料的收集是新闻报道中不可或缺的环节。通过采访、案例研究、调查问卷、文献研究、互联网搜索、实地观察等方式，记者可以获得准确、全面的资料来支持新闻报道的准确性和客观性。然而，在进行资料收集过程中，记者需要遵循相关法律、道德规范，并保持慎重和谨慎的态度，确保所收集到的资料具有可信度和权威性。

二、新闻资料的整理和筛选

在新闻报道中，准确和全面的资料是保证报道质量的关键因素。然而，在收集到大量资料后，记者需要进行有效的整理和筛选，以选择最相关和可靠的信息。以下将探讨新闻资料的整理和筛选的关键步骤，以确保报道的准确性和可读性。

（一）筛选与验证

在资料整理和筛选的第一步是进行筛选与验证。记者应评估每个资料的可靠性和相关性，关注资料的来源，确保其来自可信的机构、权威人士或可靠渠道。此外，要注意核实信息的准确性，尤其是通过与其他可靠来源相互印证来确保信息的可信度。

（二）整理与分类

筛选后，记者需要对资料进行整理和分类，以便于后续使用和检索。可以按照时间、主题、地区或其他相关因素对资料进行分类，并建立清晰的档案和数据库。这样做可以确保所需信息能够迅速被找到，提高报道的效率和准确性。

（三）摘录与归纳

针对重要的资料，记者可以进行摘录和归纳，提取出关键信息和数据。通过摘录和归纳，可以减少冗余内容，使报道更加精练和具有针对性。记者可以摘录资料中的引用、统计数据、专家观点等，以便在报道中直接引用或作为支持材料。

（四）参考注释与平衡

在报道中引用他人资料时，记者应当注明来源，确保报道的透明度和诚信性。提供准确的引用信息，包括作者、出处、发布日期等。参考注释可以使读者了解资料的来源，并且可以让读者进一步查阅和验证所报道的内容。同时，在整理和筛选资料时，记者需要审查不同来源之间的观点和立场，以确保报道的平衡性，提高报道的客观性和权威性。

新闻报道中的资料整理与筛选是确保报道准确性和可读性的重要步骤。通过筛选与验证、整理与分类、摘录与归纳以及参考注释与平衡等关键步骤，记者可以确保所选资料的可靠性和相关性，并以精练、准确的方式呈现给读者。在整理和筛选资料的过程中，记者还应遵守新闻道德规范，保持透明和诚信，确保报道的质量和权威性。通过科学有效地整理和筛选资料，新闻工作者可以提供准确、全面的报道，为读者提供有价值的信息和观点。

三、新闻资料收集与整理的重要性

在新闻报道中，准确和全面的资料是保证报道质量的基石。新闻工作者需要有效地收集和整理相关的信息和数据，以确保报道的准确性、客观性和权威性。

准确的资料是新闻报道的基础。通过有效的资料收集，记者可以获取到可靠的信息和证据，从而提供准确的报道。收集到的资料应经过筛选和验证，核实来源的可信度和准确性。只有准确的资料才能使新闻报道具有真实性，从而建立读者对报道的信任。

新闻报道的客观性和权威性是其受众信任的关键。通过广泛而全面的资料收集，记者可以从不同的角度获取信息，包括各种观点和意见，以支持报道的客观性。同时，收集到的权威资料和专家观点可以增强报道的权威性，使其具备更高的公信力。

新闻报道的背景信息对于读者理解事件的背景和脉络至关重要。通过全面的资料收集和整理，记者可以提供丰富的背景信息，帮助读者更好地理解报道中所涉及的事件或问题。这些背景信息可以包括历史背景、相关数据和统计数字等，从而使报道更具深度和广度。

新闻报道应当以事实为基础，客观地呈现事件和问题。通过仔细收集和整理资料，记者可以避免基于主观偏见或不准确信息的报道。准确和全面的资料可以帮助记者构建真实的报道，减少误导和误解的可能性，同时增强报道的可信度和可读性。

新闻资料的收集与整理也需要遵守新闻道德规范。记者在处理资料时应尊重隐私权、保护个人信息，并避免侵犯他人的权益。同时，记者应注意资料的来源和准确性，避免虚假信息的传播，保持新闻报道的诚信性和可靠性。

新闻资料收集与整理对于保证报道的准确性、客观性和权威性起着至关重要的作用。它们确保了新闻报道以准确的事实为基础，提供客观的观点和权威的资料，使读者能够真实、全面地了解事件和问题。同时，遵循新闻道德规范也是资料收集与整理过程中不可或缺的一部分，确保报道的诚信性和可靠性。通过科学有效地进行资料收集与整理，新闻工作者可以提供高质量的报道，为读者提供准确、可信的信息，促进公众的理解和参与。

第三章　新闻报道的结构与文体

第一节　新闻报道的结构要素

新闻报道的结构要素对于一篇完整、准确、易读的报道至关重要。以下是新闻报道结构要素的介绍：

一、标题（Headline）

标题是新闻报道的开头，通常使用简明扼要的语言来概括新闻事件的核心内容。好的标题应该吸引读者的注意并准确传达新闻的要点，激发读者的兴趣。

（一）新闻标题的形式

新闻报道的标题可以采用多种形式，具体选择取决于报道的性质、目标受众和媒体平台的要求。以下是几种常见的新闻报道标题形式：

事件概括式。这种形式的标题简洁明了地概括了新闻事件的核心内容，回答了谁、什么、在哪里、何时等问题。例如："火灾烧毁市中心办公楼。"

描述性。描述性标题以生动的语言描述了新闻事件的特征、细节或影响。它可以吸引读者的注意力，并提供一些信息，如："惊险救援：消防员从高楼救出被困居民。"

问句式。问句式标题以问句的形式引起读者的好奇心，鼓励他们继续阅读报道。这种形式可以用来引发思考或突出问题的重要性。例如："未来的交通是否依赖无人驾驶汽车？"

引用式。引用式标题使用引用或直接引述相关人士的话语，增加报道的生动性和权威性。这种形式可以突出特定观点或评论。例如："专家称空气质量指数达到危险水平。"

列表式。列表式标题以列举的形式呈现多个相关内容，提供多个信息点，增加报道的全面性。例如："五位候选人角逐市长选举。"

悬念式。悬念式标题以引人猜测或好奇心的形式引发读者的兴趣，但不透露全部信息，鼓励他们进一步阅读报道。例如："惊人发现：科学家解开了某个古老文明的谜团。"

无论选择哪种形式，新闻报道的标题都应该简明扼要、准确传达信息，并吸引读者的注意力。同时，记者还应根据媒体平台的要求和报道的特点，适当调整标题的长度和风格，以确保与报道内容相匹配，并吸引目标受众的关注。

（二）新闻标题的写作要求

标题是新闻报道中至关重要的元素，它不仅吸引读者的注意，还概括了新闻要点。一个好的新闻标题应具备简明扼要、准确传达信息、吸引读者兴趣、遵循新闻风格、适应媒体平台、关注关键词和 SEO，以及避免偏见和歧视等特点。

首先，标题应该简洁明了，用简明扼要的语言概括新闻事件的核心内容。通过精确的表述，读者可以快速了解新闻的主要内容。

其次，标题应准确传达新闻的关键信息，回答谁、什么、在哪里、何时等问题。它应该准确地传达新闻的要点，避免给读者错误的印象。

同时，一个吸引人的标题能够激发读者的兴趣，引发他们的好奇心，促使他们进一步阅读报道。它可以使用引人注意的词语、独特的观点或突出的新闻价值来吸引读者。

新闻标题应符合新闻的风格和规范，使用客观的语言，避免主观色彩或夸张的修饰。它应该专注于报道的事实和重要性，而不是个人偏好或情感。

另外，不同的媒体平台可能对标题的长度和格式有不同的要求。记者需要根据报道所在的媒体平台，调整标题的长度和风格，以适应该平台的要求。

在数字化媒体时代，关键词和 SEO（搜索引擎优化）也是标题的重要考量因素。记者应选择与新闻事件相关的关键词，并根据读者的搜索习惯优化标题，以提高报道在搜索引擎中的排名和曝光度。

同时，新闻标题应避免偏见和歧视，不应以种族、性别、宗教等因素对人们进行歧视。标题应该客观、公正地呈现新闻事件，避免给读者带来错误的偏见或印象。

通过精心构思和选择合适的语言，记者可以创造具有吸引力和准确性的新闻标题，引起读者的兴趣并传达新闻的核心内容。同时，记者还应根据新闻报道的特点和目标受众，灵活调整标题的风格和格式，以确保标题与报道内容相匹配。一个好的新闻标题可以提升报道的影响力和阅读率，为读者提供清晰、有吸引力的新闻信息。

二、导语（Lead）

导语是新闻报道的第一段，也被称为引语或引子。导语应该包含最重要的信息，回答谁、什么、在哪里、何时、为什么等问题，并吸引读者继续阅读整篇报道。

导语是新闻报道中的开篇部分，旨在引起读者的兴趣并概括新闻事件的要点。一个好的导语应该具备吸引读者、概括要点、引发阅读欲望、突出新闻价值、遵循新闻风格和引出报道主题等特点。

首先，导语需要吸引读者的注意力。通过使用生动的语言、引人注目的事实或引人猜测的内容，导语能够引起读者的好奇心，激发他们继续阅读报道的欲望。

其次，导语应该准确传达新闻事件的关键信息。它需要回答谁、什么、在哪里、何时等问题，以简明扼要的方式概括事件的主要内容，帮助读者快速了解新闻的核心要点。

同时，导语应该引发读者的阅读欲望。它可以提出一个引人注意的问题、描述一个引人入胜的情节或引用相关人士的话语，从而吸引读者的兴趣，使他们渴望了解更多关于报道的细节。

导语还应突出新闻事件的重要性和价值。通过强调事件的影响、新颖性、紧迫性或引起公众关注的方面，导语能够使读者意识到新闻的重要性，并希望了解更多相关信息。

在撰写导语时，记者应该遵循新闻的风格和规范。导语应使用客观的语言，避免主观色彩或夸张的修饰。它应专注于报道的事实和重要性，而不是个人偏好或情感。

最后，导语应能够引出报道的主题或中心思想。它可以提供背景信息、介绍相关人物或呈现事件的起因，为读者奠定进一步阅读报道的基础。

通过巧妙地构思和精确地选择语言，记者可以撰写出引人入胜的导语，吸引读者的注意并概括新闻事件的要点。好的导语能够唤起读者的阅读兴趣，使他们愿意进一步了解报道的细节。同时，记者还应根据报道的性质和目标受众，灵活调整导语的风格和内容，以确保导语与报道内容相匹配，并吸引目标受众的关注。

新闻导语可以根据其表达方式和内容特点分为多种类型。以下是一些常见的新闻导语类型：

（一）事件性导语

这种导语直接概括了新闻事件的要点，回答了谁、什么、在哪里、何时等问题。它通常以简洁明了的语言描述新闻事件的基本情况，为读者提供一个快速了解事件的起点。

例子：山火肆虐，数百人撤离加州沿海城市。

（二）引用性导语

这种导语使用了引用或直接引述相关人士的话语。它可以增加报道的生动性和权威性，让相关人士直接表达自己的观点或评论。

例子："这是一场毁灭性的地震，我们从未经历过这样的灾难。"地震目击者如是说。

（三）问句导语

这种导语以问句的形式引起读者的好奇心，鼓励他们进一步阅读报道。它可以用来引发思考或突出问题的重要性。

例子：你的个人信息安全吗？专家揭示了一个令人担忧的趋势。

（四）描述性导语

这种导语以生动的语言描述新闻事件的特征、细节或影响。它可以吸引读者的注意力，并提供一些具体的信息。

例子：数百名示威者聚集在市中心，要求政府采取行动。

（五）悬念性导语

这种导语通过引发悬念或悬疑感来吸引读者的兴趣，但不透露全部信息，鼓励他们进一步阅读报道。

例子：大型科技公司即将发布一项革命性的新产品，将如何改变我们的生活？

（六）数据性导语

这种导语使用了具体的数据和统计数字，强调事件的规模、影响或重要性。它可以增加报道的可信度，并提供背景和统计信息。

例子：最新数据显示，失业率降至历史最低水平，经济复苏势头良好。

以上只是一些常见的新闻导语类型，实际上导语的形式可以因新闻事件的性质、报道的风格和目标受众而有所不同。记者可以根据具体情况选择合适的导语类型，并结合事件的特点和新闻的价值，撰写出引人入胜的导语，吸引读者的注意并引导他们进一步阅读报道。

三、主体（Body）

主体部分是新闻报道的核心内容，它包含详细的描述、相关细节和观点。主体部分应该按照逻辑顺序组织信息，从重要到次要，使读者能够逐步了解事件的经过和背景。

新闻主体应该具备以下要素：

（一）事实陈述

新闻主体应准确、客观地陈述事件的事实。记者需要提供详细的信息，包括发生的时间、地点、参与的人物、事件经过等。这些事实应该经过核实和验证，确保报道的准确性。

（二）事件描述

在新闻主体中，记者需要以清晰、连贯的方式描述事件的经过和发展。采用时间顺序或因果关系等方式，使读者能够逐步了解事件的发展过程。

（三）背景信息

为了帮助读者更好地理解事件，新闻主体应提供相关的背景信息。这可能包括类似事件的历史背景、相关统计数据、相关法律法规等。背景信息可以帮助读者更全面地了解事件的意义和影响。

（四）引用和观点

新闻主体通常会引用相关人物的言论和观点，以增加报道的可信度和立体感。记者需要选择权威人士的观点，并正确引述他们的话语。通过引用不同观点，读者可以获得更多的信息和多角度的认识。

（五）结构清晰

新闻主体的结构应该清晰有序，逻辑连贯。记者可以根据事件发展的重要程度和关联性，将主体内容划分为不同的段落，以帮助读者更好地理解和消化信息。

在新闻报道中，主体部分通常占据整篇文章的主要篇幅，用来详细描述和解释事件的发生、经过和影响。主体部分的内容应该准确、客观、清晰，并遵循新闻写作的原则和规范。主体部分的内容可以根据事件的重要性和复杂性进行组织和安排。记者可以按照时间顺序、因果关系、问题和解决方案等方式组织文章，使读者能够逐步了解事件的发展过程和相关细节。除了描述事件的基本事实外，主体部分还可以提供相关背景信息，如事件的历史背景、相关统计数据、相关人物的背景等，以帮助读者更好地理解事件的背景和意义。在主体部分中，记者还可以引用相关人物的观点和言论，以增加报道的权威性和立体感。引用不同观点和声音可以使报道更加客观和全面。

总之，新闻报道的主体部分是文章中展示事件细节、背景信息、观点和言论的关键部分。它提供了读者全面了解事件的机会，帮助他们形成对事件的深入认识。记者在写作主体部分时应注重准确、客观和清晰，确保报道的质量和可读性。

四、引用 （Quote）

引用是新闻报道中使用他人观点或话语的一种方式，它可以增加报道的可信度和生动性。引用可以来自相关人士、专家、证人等，为报道提供直接的证据或评论。

在新闻报道中，引用是一种重要的手段，用于增加报道的权威性、可信度和立体感。通过引用他人的观点、言论或信息，记者可以为报道提供多样化的观点、丰富的细节，并让读者更好地理解事件。下面将探讨引用在新闻报道中的具体作用和原则。

当记者引用权威人士、专家、目击者或相关当事人的观点和言论时，读者更倾向于相信这些来源的信息。权威人士的观点和言论可以为报道提供专业性和可信度，从而使读者更有理由相信报道的真实性。

通过引用不同人士的观点和言论，记者可以呈现多样化的观点和立场。读者可以从不同的角度看待事件，形成自己的判断和观点。这样的多样性可以使报道更加全面，帮助读者获得更多的信息和视角。

当相关人士提供独特的见解、细节或情感时，可以使报道更具深度和丰富性。引用可以为报道增加故事性和人情味，让读者更容易与报道中的人物建立情感联系。这样的引用不仅可以吸引读者的兴趣，还可以提升报道的阅读体验。

在运用引用时，记者应遵循一些原则。首先是准确性。记者应确保引述的内容准确反映被引用人的观点或言论，避免出现歪曲或错误的情况。其次是客观性。记者应尽量保持中立和客观，不对引用内容进行过度解读或评价。同时，选择权威的、有资质的人士作为引用对象，以提高报道的权威性和可信度。此外，平衡性也是重要的原则，在报道中力求引用不同观点和立场，避免过度偏袒一方。

引用在新闻报道中具有重要的作用。它能够增加报道的权威性、立体感和多样性，丰富报道的内容，并使读者更好地理解事件。记者在运用引用时应注重准确性、客观性和平衡性，以确保报道的准确性和可信度，并同时遵守新闻伦理和规范。通过恰当地运用引用，记者可以提升报道的质量和吸引力，使读者获得更全面、多样和深入的新闻信息。

五、事实和数据（Facts and Figures）

在新闻报道中，事实和数据是构建准确、客观和权威性报道的基石。它们为报道提供了可信的证据和具体的信息，帮助读者更好地了解事件的真实情况。以下将探讨事实和数据在新闻报道中的重要作用以及记者如何应用它们。

事实和数据在新闻报道中具有关键的作用。首先，它们提供了准确的信息基础。作为新闻报道的基本要素，事实和数据帮助记者呈现真实的情况和事件。它们是客观存在的，不带有主观色彩或个人观点，因此读者可以更可靠地了解事件的发生和发展。其次，事实和数据增强了报道的可信度和权威性。通过引用可靠的数据和事实，记者可以提供支持新闻报道的证据。这些数据可以来自官方统计、研究报告、调查结果等权威来源，使读者相信报道的真实性和可信度。事实和数据的使用使报道更具说服力，读者更倾向于接受和信任报道的内容。

此外，事实和数据提供了具体的细节和背景信息。它们使报道更加丰富和有深度，帮助读者更好地理解事件的背景和影响。例如，报道一项研究结果时，提供具体的数据和统计信息可以让读者更准确地了解研究的结果和意义。这些具体的细节使报道更具有实质性，并为读者提供更全面的信息。记者在运用事实和数据时需遵循关键原则，确保报道的准确性和可信度。准确性是首要原则，记者必须确保引用的事实和数据准确可靠，避免故意歪曲或误导读者。另一重要原则是来源的可信度，记者应选择权威机构、专家或可靠调查所得的数据和事实，以提升报道的可信度和权威性。同时，将事实和数据放入适当的背景中，有助于读者正确理解其意义和影响。记者应提供相关背景信息，帮助读者全面理解，并形成准确的观点。

事实和数据在新闻报道中扮演着关键的角色，为报道提供准确、客观和可信的信息基础。它们增强了报道的可信度和权威性，丰富了报道的内容，并帮助读者更好地了解事件。记者在应用事实和数据时应注重准确性、来源可信度和背景的适当性。通过恰当地运用事实和数据，记者可以构建具有可信度和说服力的报道，为读者提供准确、全面和深入的新闻信息。

六、结尾（Conclusion）

结尾部分对报道进行总结，并强调最重要的信息或观点。它可以提供进一步的展望、呼吁行动的主题，它也可以总结报道的要点，给出一个合适的结束语。结尾部分的目的是为读者提供一个完整的信息闭环，强调报道的重要性并留下深刻的印象。以下是一些常见的新闻报道结尾方式：

（一）总结要点

记者可以在结尾部分对报道中的关键信息进行简洁的总结，强调报道的主题和核心内容。这有助于读者回顾整篇报道并牢记重要的信息。

（二）引用相关人士的观点

记者可以在结尾部分引用相关人士的观点或评论，以增加报道的权威性和可信度。这些观点可以提供额外的洞察力或对报道事件的进一步解释。

（三）展望未来

记者可以在结尾部分展望报道事件的未来发展趋势或可能的影响。这有助于读者对事件的长远影响进行思考，并产生对未来发展的兴趣。

（四）提出问题或引发思考

记者可以通过在结尾部分提出一个问题或引发读者的思考，鼓励他们进一步思考报道事件的各个方面。这有助于激发读者的兴趣，并促使他们继续关注相关话题。

（五）引用有趣的事实或统计数据

记者可以在结尾部分引用一个有趣的事实或统计数据，以吸引读者的注意并增加报道的亮点。这可以使报道更加生动有趣，并留下深刻的印象。

无论采用何种结尾方式，记者都应力求简明扼要，让读者感受到报道的完整性和重要性。一个好的结尾能够巩固报道的主题和要点，给读者留下深刻的印象，并引发进一步的思考和讨论。通过精心设计结尾，记者可以提升报道的质量和影响力，实现新闻传播的目标。

七、段落（Paragraphs）

新闻报道应该使用清晰明了的段落，每个段落围绕一个主题或观点展开。段落的使用可以使报道更易于阅读和理解，帮助读者更好地吸收信息。

新闻报道是一种重要的媒体形式，它通过准确、客观地传达新闻事件的信息，帮助读者了解和理解世界上正在发生的事情。一篇成功的新闻报道不仅需要准确和全面的事实和数据，还需要合理的段落结构来组织和展示这些信息。

在新闻报道中，合理的段落结构是至关重要的。它能够帮助读者更好地理解报道的内容，使信息流畅、连贯，并使报道的重点和要点更加突出。以下是新闻报道常见的段落结构类型和如何合理分布段落的一些建议。

　　首先是引言段落，它位于报道的开头，旨在吸引读者的注意力并概括新闻事件的要点。引言段落通常包含导语，通过使用引人注目的事实、生动的描述或引用相关人士的话语，引发读者的兴趣，并提供事件的背景信息。这个段落应该简洁明了，突出新闻的核心内容。

　　接下来是事实段落，这些段落提供具体的事实和细节，回答了谁、什么、在哪里、何时、为什么等问题，以展示事件的基本信息和发展情况。事实段落通常按照时间顺序或重要性顺序组织，以确保信息的逻辑和连贯性。

　　引用段落是报道中引用相关人士的观点、意见或声明。这些引用可以来自当事人、专家、官员或其他与事件相关的人员，以增加报道的可信度和权威性。引用段落可以在事实段落之后使用，用来支持报道中提到的事实和数据，并为读者提供多方观点的参考。

　　背景段落提供了与事件相关的历史、背景信息或相关的上下文。这些段落帮助读者更好地理解事件的重要性和影响，并提供相关的历史或统计数据。背景段落通常出现在报道的早期阶段，以便读者在深入了解事件之前获得必要的背景知识。

　　分析段落包含对事件的分析、评价或解释。记者可以提供专业见解、观点分析或对事件的深入剖析，以增加报道的深度和洞察力。分析段落通常在事实和引用段落之后出现，可以帮助读者更好地理解事件的含义和影响。

　　最后是结论段落，它是新闻报道的结尾部分，总结报道的要点，提供对事件的总结或展望未来的观点。结论段落强调报道的重要性，并给读者一个整体的印象和结论。

在合理分布段落时，记者应根据报道的内容和结构进行决策。引言段落通常位于开头，用于吸引读者的注意力。事实段落应该包含核心的信息和细节。引用段落和背景段落可以在事实段落之后使用，以提供进一步的信息和支持。分析段落可以用于更深入地解释和分析事件。最后，结论段落用于总结报道并给出观点。

通过合理分布段落，新闻报道能够更好地组织信息，使报道流畅、易读，并确保读者对事件有全面的理解。记者在撰写新闻报道时应该注意段落之间的过渡和衔接，以确保信息的连贯性和一致性。

八、结构顺序（Inverted Pyramid）

新闻报道通常采用倒金字塔结构，即将最重要的信息放在开头，然后逐渐降低重要性。这种结构使得读者可以快速获取关键信息，而不必阅读全部内容。

新闻报道可以采用多种结构类型，根据不同的报道目的和内容特点，常见的新闻结构类型包括：

（一）倒三角结构

这是最常见和经典的新闻结构类型。文章的开头部分呈现最重要、最关键的信息，如核心事件、关键数据或引人注目的事实。随后，逐渐向下递减，提供次要信息和背景细节，使读者逐步了解事件的全貌。这种结构能够迅速引起读者的注意，传递新闻的核心要点。

示例：在报道一起火灾事件时，倒三角结构的报道可能以引人注意的事实开头，如："大火迅速蔓延，造成数十栋房屋被烧毁。"接下来，报道会提供火灾起因、灭火过程和相关救援信息，为读者提供事件的背景和细节。

（二）线性结构

线性结构按照事件发展的时间顺序进行报道。文章从事件的起因开始，按照时间顺序叙述事件的发展过程，包括各个阶段的发展、参与者的行动和相关细节。最后，呈现事件的结果和结论。

示例：报道一次选举活动时，线性结构的报道可能从候选人宣布参选的时刻开始，紧接着叙述候选人的竞选活动、选民的投票过程以及最终选举结果的公布。这样的报道方式能够让读者了解整个选举过程的发展和结果。

（三）并列结构

并列结构将多个相关但独立的信息并列呈现。每个段落都涵盖一个主要点，读者可以独立地了解每个点的内容。这种结构适用于报道多个相关但相对独立的事件、观点或数据。

示例：报道一次国际会议时，每个段落可以独立呈现不同的议题或发言人的观点。读者可以通过阅读各个段落，了解会议涉及的不同议题和各方的立场。

（四）对比结构

对比结构通过将不同的观点、立场或情况进行对比来呈现新闻报道。这种结构突出了不同的对立面，帮助读者更好地理解事件的复杂性和多样性。

示例：报道一场争议性的政治辩论时，对比结构的报道可以将不同候选人或政治派别的观点和立场进行对比，让读者了解不同观点的优缺点和相互之间的冲突。

（五）故事结构

故事结构以故事的方式呈现新闻报道，通过引人入胜的情节、人物描述和叙事技巧来吸引读者。这种结构适用于报道有趣的人物故事、人物经历或特殊事件。

示例：报道一位克服困难的运动员时，故事结构的报道可以通过叙述他的背景故事、面临的挑战以及最终的成功来吸引读者，让读者更加投入并理解运动员的努力和成就。

以上是一些常见的新闻结构类型，记者可以根据报道的具体内容、目的和受众需求选择适合的结构类型，以使报道更加清晰、有条理，并能够有效地传达信息给读者。

新闻报道的结构要素在传递准确、清晰和易读的信息方面起着关键作用。记者应根据新闻报道的特点和目标受众选择合适的结构，并灵活运用这些要素，以确保报道的质量和读者的理解。

第二节　新闻报道的文体要求

一、客观性和中立性

（一）事实性陈述

新闻报道的基础是事实性陈述。记者在报道中应该以准确的方式陈述事件的发生、人物的行为和观点，以及其他相关细节。事实性陈述的准确性对于保持新闻报道的可信度和权威性至关重要。

记者在进行事实性陈述时应考虑以下要点：

确保信息来源可靠。记者应该从可靠的信息来源获取事实，并确保这些来源具有一定的可信度。这可以包括目击者的证词、官方声明、专家的观点、调查报告等。记者需要验证信息的准确性，尽量避免使用未经证实的传闻或匿名消息来源。

避免主观评论和解释。记者在陈述事实时应保持客观，避免添加个人的评论或解释。他们的任务是提供客观的描述，让读者自行评估和理解事件。记者应尽量避免使用情感化的语言或赋予事实主观的评价。

使用清晰简洁的语言。记者应以清晰简洁的语言表达事实。避免使用模棱两可的词语或复杂的句子结构，以免引起歧义或混淆读者。简明扼要地陈述事实可以提高报道的可读性和理解性。

区分事实和观点。记者应清楚区分事实和观点，并在报道中明确标示。事实是可以通过客观证据验证的客观存在，而观点是个人或团体对事实的看法和解释。记者可以引用不同的观点和意见，但需要明确它们是观点而非事实。

例子：

原文："根据目击者的证词，这起事故是由司机的疏忽驾驶造成的。"

修改后："根据目击者的证词，据称这起事故是由司机的疏忽驾驶造成的。"

通过坚持事实性陈述，记者能够提供准确、客观的信息，让读者对事件有更清晰的认识。记者的责任是准确地呈现事实，让读者自行评估和判断。在报道中坚持事实性陈述有助于保持新闻报道的可信度和公信力，为读者提供可靠的信息基础。

（二）避免个人偏见和立场倾向

在新闻报道中，记者应该避免表达个人偏见或立场倾向，以确保报道的中立性和客观性。记者的任务是提供准确、全面的信息，而不是宣传个人观点或推动特定的议程。避免个人偏见和立场倾向有助于保持新闻报道的公正性和可信度。

以下是记者在报道中避免个人偏见和立场倾向的几个要点：

尊重多元观点。记者应该尊重并给予不同的观点和立场适当的呈现空间。通过引用各方的观点和意见，读者可以更全面地了解事件的复杂性和多样性。记者应避免只选择与自己立场相同的观点，而是努力呈现多元的声音。

不使用情感化的语言。记者应避免使用情感化的语言或带有主观情感的词语。报道应以客观、中立的方式呈现信息，让读者根据事实形成自己的看法。情感化的语言可能引导读者产生偏见或误导，因此记者应尽量使用客观、事实性的描述。

引用多方可靠来源。记者可以增加报道的中立性和客观性，通过引用多方可靠的信息来源。这可以包括专家的观点、官方的声明、调查报告等。引用不同的来源可以提供不同的观点，读者可以根据这些观点形成自己的看法。

不进行个人评论或解释。记者的任务是提供事实和信息，而不是进行个人评论或解释。个人评论和解释可能引导读者产生偏见或误导，因此记者应避免在报道中添加个人观点。记者应尽量以客观、中立的方式呈现信息，让读者根据自己的判断做出评价。

例子：

原文："这个政策是完全错误的，对社会没有任何好处。"

修改后："这个政策引发了不同的观点和争议，有些人认为它存在问题，而其他人则持不同意见。"

避免个人偏见和立场倾向有助于保持新闻报道的公正性和中立性，让读者自行形成观点和判断。记者的责任是提供客观、准确的信息，让读者能够全面了解事件的各个方面。通过遵循中立性原则，记者可以为公众提供可靠和信任的新闻报道。

二、准确性和可信度

在新闻报道中，核实信息的准确性是记者的责任之一。通过核实信息，记者能够确保报道的准确性、可信度和专业性。以下是记者在核实信息时应注意的几个关键点：

（一）使用可靠的信息来源

在新闻报道中，记者应该使用可靠的信息来源来确保报道的准确性和可信度。可靠的信息来源是指那些经过验证和被广泛认可的来源，如官方文件、专家观点、调查报告、权威机构发布的数据等。

以下是一些常见的可靠信息来源和如何使用它们的例子：

官方渠道。官方渠道是获取可靠信息的重要途径。记者可以引用政府部门、执法机构、行业监管机构等官方发布的信息和数据。这些信息通常经过严格审核和验证，具有较高的可信度。

例：根据教育部的公告，今年的高考将推迟一周举行。

专家观点。引用专家的观点和意见可以增加报道的可信度。专家通常在相关领域具有专业知识和经验，他们的观点能够提供对事件的深入分析和解释。记者可以采访专家或引用他们的研究报告、学术论文等。

例：医学专家李博士表示，接种疫苗是预防疾病的有效措施之一。

调查报告和研究。引用调查报告和研究成果可以为报道提供可靠的数据支持。这些报告和研究通常经过严谨的调查和分析，具有较高的权威性和可信度。记者可以引用权威机构、独立研究机构发布的报告，或参考经过同行评议的学术研究。

例：根据世界卫生组织发布的研究报告，空气污染与呼吸系统疾病之间存在明显的相关性。

眼见和耳闻。记者直接观察到的事件或采访到的目击者证词也可以作为可靠的信息来源。记者应该准确记录并引用目击者的描述和观察。

例：目击者王先生表示，他亲眼看到了车祸发生的过程。

多方核实。记者在使用信息来源时应进行多方核实。不仅要查阅多个可靠的来源，还要与不同的知情人士进行交流和采访，以获取更全面和准确的信息。通过多方核实，可以避免依赖单一来源或偏颇观点的情况。

（二）核实信息的准确性

在新闻报道中，核实信息的准确性是记者的责任之一。通过核实信息，记者能够确保报道的准确性、可信度和专业性。以下是记者在核实信息时应注意的几个关键点：

多重来源核实。记者应该通过多个独立的、可靠的信息来源来核实信息的准确性。这包括对不同人士的采访、多家权威机构的数据对比以及参考多个可靠的研究报告。通过多重来源核实，可以减少信息的偏见和误导，并提供更全面、准确的报道。

例：在报道一起重要事件时，记者应该采访不同的目击者，参考官方发布的声明，并查证相关专家的观点，以确保报道的准确性。

查证关键细节和数据。记者在报道中涉及关键细节和数据时，应该仔细查证其准确性。这包括核实数字、统计数据、时间线等重要信息的来源和真实性。记者可以参考权威机构的数据发布、官方报告、学术研究或专家的验证。

例：在报道一项研究结果时，记者应该查证该研究的来源、样本规模和研究方法，以确保其准确性。

识别和验证目击者证词。目击者证词在报道中起着重要作用，但记者应该谨慎对待，并尽力核实其真实性。记者可以与多个目击者交流，对比他们的陈述，查证相关细节和时间线，以确保目击者证词的准确性。

例：在报道一起事故时，记者应该采访多位目击者，并核实他们的陈述是否相符，是否与其他证据相一致。

确保引述的准确性。记者在报道中引用他人的观点、言论或数据时，应确保准确引述，并尽量核实引述的来源和准确性。记者可以与被引述的人进行沟通，核实其言论的准确性，并在报道中明确引述的上下文。

例：在报道一次新闻发布会时，记者应该准确引述发言人的讲话内容，并在报道中明确指出引述的来源。

通过遵循以上核实信息的原则，记者能够确保报道的准确性和可信度，从而向读者提供真实、客观的新闻内容。准确的报道是新闻行业的基石，能够维护媒体的声誉和信任，并为读者提供有价值的信息。记者的核实工作是确保新闻报道的质量和专业性的重要一环。

三、简明扼要

新闻报道要求使用简洁明了的语言表达，以便读者能够迅速理解和吸收信息。以下是记者在语言表达方面应注意的几点：

（一）简洁明了的语言表达

新闻报道要求使用简洁明了的语言表达，以便读者能够迅速理解和吸收信息。在语言表达方面，记者应注意以下几点：

避免冗长和啰唆的叙述。记者应尽量避免冗长和啰唆的叙述，而是使用简明扼要的语言传递信息。重要的信息和要点应该以简洁的句子和清晰的语言呈现，避免过多的修饰和描绘。

例如，对于一起突发事件的报道，记者可以使用简洁明了的语言迅速概括事件的发生、影响和相关人物的行动，而不是过多地展开描述。

精确表达。记者应该使用准确、明确的词语和短语来表达信息，避免模糊和含糊不清的表达。精确的表达方式可以帮助读者准确理解报道的内容，避免产生误解或歧义。

例如，在报道一项研究结果时，记者应使用准确的数据和专业术语来描述研究的发现，而不是使用模糊的表达和含糊的描述。

适当使用行业术语。在新闻报道中，记者可以使用适当的行业术语和专业词汇，以提高报道的准确性和专业性。然而，记者应该确保读者能够理解这些术语，可以通过解释或提供上下文来帮助读者理解。

例如，在报道一项科技新闻时，记者可以使用相关的技术术语和专有名词，但同时应在适当的地方解释其含义，以确保读者能够理解报道的内容。

通过使用简洁明了的语言表达，记者可以让报道更易于理解和消化。简明扼要的语言和清晰的句子结构可以帮助读者迅速理解报道的要点，从而提高报道的阅读效果和传递信息的效率。同时，记者应该注意适当使用行业术语，并提供必要的解释，以确保读者对报道的内容有准确的理解。这样，读者可以更好地消化新闻信息，做出准确的判断和决策。

（二）去除冗长和复杂的叙述

在新闻报道中，去除冗长和复杂的叙述是至关重要的，这样可以使信息更易于理解和消化。以下是记者在去除冗长和复杂叙述方面应注意的几点：

简洁清晰。记者应使用简洁、清晰的语言来表达信息。避免冗长的句子和复杂的从句结构，以减少读者的阅读障碍。简洁的语句和清晰的句子结构可以让读者更轻松地理解报道的内容。

例如，在报道一项政策变化时，记者应使用简洁的语句概括政策的核心内容，而不是陷入过多的细节和解释。通过剔除冗长的句子和烦琐的修辞，读者可以更迅速地理解报道的要点。

去除多余信息。记者应去除多余的信息和无关细节，专注于报道的核心要点。只包含与事件相关的信息，避免引入无关的背景信息或个人观点。记者需要在编辑和修改过程中不断审视报道，删除冗余的信息，使报道更紧凑、精确。

例如，在报道一场体育比赛时，记者应重点关注比分、关键时刻和突出表现，而不是过多描述比赛场景和观众的反应。通过删减多余信息，读者可以更快地了解比赛的关键要素。

段落分割。记者可以使用合适的段落分割，以帮助读者更好地理解和吸收信息。每个段落应聚焦于一个主要点或思想，并通过段落之间的过渡来确保信息的连贯性。段落分割可以帮助读者更好地组织思维和理解报道的结构。

例如，在报道一项研究成果时，记者可以将不同方面的信息分别放置在不同段落，以便读者更清晰地理解每个方面的内容。通过合理的段落划分，读者可以更好地跟随报道的逻辑和思路。

通过使用简洁明了的语言表达和去除冗长复杂的叙述，记者可以提供更易于理解和消化的新闻报道。简明扼要的语言表达和清晰的句子结构有助于读者迅速理解报道的要点，从而提高报道的阅读效果和传递信息的效率。同时，记者还应注意审查和修改报道，删除冗余和复杂的叙述，使报道更紧凑、精确。这样，读者可以更轻松地消化新闻信息，并快速获取所需的核心内容。

四、逻辑清晰和结构严谨

在新闻报道中，逻辑清晰和结构严谨是确保报道流畅和易于理解的关键要素。记者在逻辑清晰和结构严谨方面应注意以下几方面：

（一）合理组织报道结构和段落

新闻报道的结构和段落组织对于传递信息和吸引读者的注意力至关重要。记者应该合理安排报道的结构和段落，以确保信息的逻辑清晰性和层次结构的明确性。以下是记者在组织报道结构和段落时应注意的几点：

选择合适的结构类型。根据报道的性质和目的，记者可以选择适合的新闻结构类型。常见的结构类型包括倒三角结构、线性结构、对比结构等。倒三角结构适用于重要信息放在开头、逐渐向下递减的报道。线性结构按照时间顺序叙述事件的发展过程。对比结构通过对比不同观点或情况来呈现报道。

明确报道的主题和要点。在报道的开头部分，记者应明确报道的主题和核心要点。这样读者可以迅速了解报道的焦点和关键信息。主题和要点的明确性有助于读者对整个报道结构的把握。

使用合适的过渡语句。过渡语句在报道中起到衔接不同段落和思想的作用。记者应使用适当的过渡词语和短语，如"此外""然而""另一方面"等，以帮助读者理解段落之间的关系和信息的流动。

段落聚焦于一个主要点或思想：每个段落应聚焦于一个主要点或思想，避免在同一个段落中涵盖过多的信息。这样可以使读者更好地理解和消化每个段落的内容，并有助于信息的整体呈现和传达。

注意段落之间的逻辑关系。记者应确保段落之间的逻辑关系清晰明了。段落之间的过渡应该自然流畅，避免信息的突变或断裂。段落之间的逻辑关系有助于读者更好地理解报道的整体思路和结构。

通过合理组织报道结构和段落，记者可以提供清晰、有条理的报道，帮助读者更好地理解和消化信息。一个良好的结构和合理的段落组织可以使读者更容易跟随报道的思路和信息的流程，提高报道的可读性和传递信息的效果。记者在撰写报道时应注重结构和段落的组织，使报道更具逻辑性和连贯性。

（二）逻辑清晰地呈现事件发展和细节

在新闻报道中，记者应该逻辑清晰地呈现事件的发展和相关细节，以便读者能够全面理解事件的经过和相关情况。以下是记者在呈现事件发展和细节时应注意的几点：

按照时间顺序叙述。记者应按照事件发展的时间顺序进行叙述，从事件的起因开始，逐步呈现事件的各个阶段和重要节点。这种时间顺序的叙述有助于读者理清事件的经过和相关细节的逻辑关系。

明确事件关键点。记者应明确报道中的关键点和关键事件，将其重点突出呈现。这些关键点是事件发展中具有重要影响和意义的部分，通过对其进行准确描述和解释，读者能够更好地理解事件的发展和演变。

提供必要的背景信息。在呈现事件细节时，记者应根据需要提供必要的背景信息，以帮助读者更好地理解事件的背景和前因后果。这些背景信息可以包括相关的历史背景、相关人物的背景介绍、相关政策的背景等。

使用连接词和过渡词语。为了保持报道的逻辑连贯性，记者可以使用适当的连接词和过渡词语，如"首先""其次""然而""因此"等，来引导读者理解不同事件和细节之间的关系。这些词语和短语有助于构建叙述的逻辑框架和推进报道的逻辑流程。

避免信息跳跃和不连贯叙述。记者应避免在报道中出现信息的跳跃和不连贯的叙述。信息的跳跃会导致读者难以理解事件的发展轨迹，不连贯的叙述会使读者产生困惑。通过合理的过渡和衔接，记者可以确保信息的流畅性和报道的连贯性。

通过逻辑清晰地呈现事件发展和细节，记者可以帮助读者全面理解新闻报道，并形成对事件的准确认知。逻辑清晰的报道不仅提高了读者的阅读体验，也增加了报道的可信度和权威性。记者在撰写报道时应注重事件发展和细节的逻辑呈现，以确保报道的准确性和读者的理解度。

五、恰当引用和引述

（一）引用权威人士的言论和观点

在新闻报道中，引用权威人士的言论和观点可以增加报道的可信度和权威性，使报道更具说服力和影响力。权威人士通常是在相关领域具有专业知识和经验的人，他们的观点和意见能够为报道提供深度和专业性。记者在引用权威人士的言论和观点时，应注意以下几点：

选择合适的权威人士。记者应选择与报道主题相关的权威人士。这些人士可能是学术界的专家或其他具有专业背景和影响力的人士。选择合适的权威人士可以为报道提供权威性和可信度。

例如，如果报道关于气候变化的问题，记者可以引用国际知名的气候科学家的观点和研究成果，以支持报道的准确性和可信度。

确保言论的准确性。记者在引用权威人士的言论时，应确保其准确性。可以通过与权威人士进行采访或查阅其相关发布的演讲、研究论文、书籍等来获取准确的引用。避免对权威人士的言论进行歪曲或断章取义，以免误导读者。

举例来说，如果报道关于医疗领域的新技术，记者可以引用该领域知名专家的观点和研究结果，确保报道的准确性和可信度。

提供背景信息。在引用权威人士的言论时，记者可以提供一些背景信息，介绍权威人士的身份和专业背景。这有助于读者理解权威人士的权威性和言论的可信度。

举个例子，如果报道关于经济发展的议题，记者可以简要介绍被引用的经济学家的学术背景和研究领域，以增强其权威性和可信度。

平衡不同观点。记者在引用权威人士的观点时，应注意平衡不同的观点，避免过度偏袒某一方。报道中可以引用多位权威人士的观点，包括支持和反对的观点，以便读者能够获得全面的信息，并形成独立的判断。

举例来说，如果报道关于一项争议性政策的新闻，记者可以引用不同政治派别的政治家或专家的观点，以展现多元的观点和意见。

通过恰当引用权威人士的言论和观点，记者可以为报道提供权威性和专业性的支持，增强报道的可信度和说服力。记者在引用权威人士时应注意言论的准确性和平衡性，以确保报道的公正性和客观性。这样的报道能够为读者提供深度分析和多元视角，帮助他们更好地理解和评估事件。

（二）准确引述相关数据和统计信息

在新闻报道中，准确引述相关数据和统计信息是确保报道事实准确性和可信度的重要要求。数据和统计信息可以为报道提供客观的证据和支持，帮助读者更好地理解报道的内容和背后的事实。以下是记者在引述相关数据和统计信息时应注意的几点：

来源可靠的数据。记者应引用来自可靠来源的数据和统计信息，如政府部门发布的数据、权威机构的调查报告、学术研究的结果等。这些数据应经过严谨的收集和分析，具有较高的可信度。

例如，如果报道关于就业市场的情况，记者可以引用政府发布的失业率数据或人力资源机构的就业调查数据，以支持报道的准确性。

核实数据的准确性。在引用数据之前，记者应核实数据的准确性。可以查阅多个来源的数据，进行比对和验证，确保数据的准确性和可信度。避免使用过时或错误的数据，以免误导读者。

例如，如果报道关于流行病的统计数据，记者可以核实来自卫生部门或世界卫生组织的最新数据，确保报道准确反映疫情的实际情况。

提供数据背景和解读。在引用数据时，记者可以提供一些背景信息和解读，帮助读者理解数据的含义和影响。解读数据时应注意客观性和准确性，避免对数据进行主观解读或误导性的解释。

例如，如果报道关于教育投入的数据，记者可以提供教育经费增长与学生学业成绩的关联性的背景信息和专家观点，帮助读者更好地理解数据的意义。

合理使用数据和统计信息。记者应根据报道的需要合理使用数据和统计信息。避免过多引用数据，使报道显得冗长和复杂。选择关键的数据和统计信息，突出报道的核心要点。

例如，如果报道关于气候变化的新闻，记者可以引用关于温室气体排放量增长的百分比数据，或者引用关于海平面上升的具体数字，以突出气候变化的严峻性。

通过准确引述相关数据和统计信息，记者可以提供客观的事实支持，增加报道的可信度和权威性。记者在引用数据时应注意数据的来源和准确性，提供必要的背景信息和解读，以帮助读者理解数据的意义和影响。这样的报道能够为读者提供准确的信息，并促使他们做出明智的判断和决策。

六、逻辑清晰和结构严谨

（一）合理组织报道的结构和段落

合理组织报道的结构和段落对于新闻报道的质量和可读性至关重要。以下是记者在合理组织报道结构和段落时应注意的几点：

选择适当的结构类型。根据报道的主题和内容特点，选择合适的结构类型。倒三角结构是常用的新闻报道结构，以最重要的信息作为开头，逐渐向下递减，提供次要信息和背景细节。这种结构能够迅速引起读者的兴趣，并传达新闻的关键要点。线性结构按照事件发展的时间顺序叙述，从起因到结果，详细呈现事件的经过。对比结构通过对比不同的观点或情况，突出事件的多样性和复杂性。

构建逻辑清晰的段落。每个段落应聚焦于一个主要点或思想，并通过过渡句子或段落之间的过渡来确保信息的连贯性和流畅性。段落之间的过渡应该自然而明确，使读者能够轻松地跟随报道的思路和逻辑。举例来说，假设记者报道一场重要的政治演讲活动。记者可以采用倒三角结构，首先在报道开头提供演讲者的身份和关键信息，引起读者的兴趣。接着，逐步呈现演讲的主要观点和演讲者的言论，以及观众的反应。最后，报道可以涉及演讲的影响和可能的未来发展。这种结构类型能够将关键信息置于前，同时提供必要的背景细节，使读者能够全面理解演讲的重要性和影响。

合理组织报道的结构和段落不仅使读者更容易理解报道的内容，还提高了报道的可读性和吸引力。通过清晰的结构和有条理的段落，读者可以快速获取信息，并深入了解事件的发展和相关细节。

然而，记者应根据具体情况和报道的需要灵活运用合适的结构和段落划分。不同类型的新闻报道可能需要不同的结构和段落安排，记者需要根据具体情况进行权衡和调整。

无论采用哪种结构类型和段落划分方式，关键是保持逻辑清晰、信息有序，并使读者能够轻松理解和吸收报道的内容。合理组织的报道结构和段落可以提高新闻报道的质量，使读者获得准确、全面的信息。

（二）逻辑清晰地呈现事件发展和细节

在新闻报道中，记者应逻辑清晰地呈现事件的发展和相关细节，以帮助读者全面理解报道的内容。

首先，记者应按照时间顺序叙述事件的发展过程，从事件的起因开始，逐步呈现事件的各个阶段和关键点。这样的呈现方式可以使读者了解事件的发展脉络，明确事件发生的背景和起因。

举例来说，假设记者报道一场自然灾害事件，记者可以从灾害的发生时间和地点开始，然后叙述灾害的影响范围、造成的损失，以及相关的救援和恢复工作。按照时间顺序呈现这些细节，读者可以更好地了解灾害的严重性和应对措施的实施情况。

同时，记者应注意在报道中提供足够的细节，以支持事件的描述和分析。细节包括相关人物的行为和言论、事件发生的地点和时间、相关数据和统计信息等。这些细节可以帮助读者更好地理解事件的实际情况和影响。

举例来说，假设记者报道一项政策变化，记者可以引用政策制定者的声明和解释，提供政策实施的时间和地点，以及相关数据和统计信息来支持政策的影响。这些关键细节可以帮助读者了解政策变化的动机和后果。

在呈现细节时，记者应遵循逻辑的顺序，按照相关性和重要性的程度进行组织。可以使用递进的方式呈现细节，将先前的信息作为基础，逐步添加新的细节。这样可以使报道的逻辑更加清晰，读者能够逐步理解和吸收信息。

举例来说，假设记者报道一场选举活动，记者可以按照候选人的竞选过程、重要演讲和辩论、投票和计票过程来组织报道的结构。在每个阶段中，记者可以逐步呈现相关细节，使读者能够了解候选人的政纲、竞选活动的重要事件，以及最终的选举结果。

此外，记者还应注意合理使用过渡句和连接词，以帮助读者理解事件的发展和细节之间的关系。过渡句和连接词可以使报道的段落和句子之间有机地连接起来，避免信息的突兀和不连贯。

通过逻辑清晰地呈现事件发展和细节，记者可以帮助读者全面理解报道的内容和事件的演变过程。逻辑清晰的报道能够提供准确、有序的信息，让读者更好地了解新闻事件的发展和相关细节。记者在呈现事件发展和细节时应遵循逻辑顺序、提供关键细节，并保持递进关系，以确保报道的连贯性和读者的理解。

第三节　新闻标题的撰写技巧

一、引人注意的关键词

（一）突出新闻的关键信息

突出新闻的关键信息在标题中起着重要的作用，可以吸引读者的眼球并迅速传递新闻的要点。以下是一些突出关键信息的技巧和案例：

利用关键词的力量。选择具有代表性和引人注意的关键词来突出新闻的核心信息。这些关键词可以是事件的关键词、人物的关键身份或特征，或与新闻报道主题直接相关的词汇。通过突出关键词，读者能够快速了解新闻的主要内容。

例如，一篇报道讲述了一次突发的地震事件，关键信息包括地震的地点、震级和可能的影响。一个突出关键信息的标题可以是："突发地震：5.8 级地震袭击洛杉矶，多地房屋倒塌。"这样的标题使用了关键词"地震""5.8 级"和"倒塌"来突出新闻的核心信息。

突出事件的独特性。如果新闻报道中存在某种独特性或与众不同的特点，可以在标题中突出显示，吸引读者的兴趣。

例如，一篇报道讲述了一项突破性的科学发现，关键信息包括科学发现的内容和其在相关领域的重要性。一个突出关键信息的标题可以是："突破性科学发现：科学家发现新型能源，或将彻底改变能源行业。"这样的标题突出了科学发现的独特性和其可能带来的重要影响。

突出人物的重要性或影响。如果新闻报道中涉及重要人物的行动、言论或决策，可以在标题中突出显示，吸引读者的注意力。

例如，一篇报道涉及一位重要政治领导人的讲话，关键信息包括领导人的身份、讲话的主要内容和可能的影响。一个突出关键信息的标题可以是："国家领导人发表重要讲话：新政策将推动经济增长。"这样的标题突出了领导人的身份、讲话的重要性和可能的影响。

通过合理选择关键词、突出独特性和重要性，记者可以在新闻标题中准确传递新闻的关键信息，吸引读者的注意并促使他们进一步阅读报道。记者应根据报道的实际情况和特点，选择适合的关键词和表达方式来撰写引人注意的新闻标题。

（二）使用引人注意的词汇和表达方式

为了吸引读者的注意力，记者可以在新闻标题中使用引人注意的词汇和表达方式。这些词汇和表达方式应该能够引起读者的好奇心、情感共鸣或兴趣，从而促使他们点击并阅读新闻报道。以下是一些使用引人注意的词汇和表达方式的示例：

情感词汇。使用具有情感共鸣的词汇，如"震撼""感动""惊人"等。这些词汇可以激发读者的情感，引起他们的兴趣。

例如，一篇报道涉及一位英勇救援人员的故事，可以使用这样的标题："英雄救援：勇士奋不顾身，救出五名被困的儿童。"这样的标题利用了情感词汇"英雄"和"勇士奋不顾身"来引发读者的情感共鸣。

形容词和形容短语：使用形容词和形容短语来描述事件或人物的特征，如"壮丽的表演""无与伦比的成就"等。这些形容词和形容短语可以使标题更加生动有趣。

独特之处。突出新闻报道的独特之处，例如独家报道、首次曝光、独特的视角等。这些表达方式可以使标题与其他报道有所区别，吸引读者的兴趣。

举例：假设一篇新闻报道讲述了一位年轻运动员在比赛中创下新纪录的故事。一个使用引人注意的标题可以是："破纪录的奇迹：年轻选手刷新历史，创下惊人成绩。"这样的标题利用了情感词汇和形容短语，突出了运动员的成就和独特之处，吸引读者的兴趣。

通过突出新闻的关键信息和使用引人注意的词汇和表达方式，记者可以撰写吸引人的新闻标题，引起读者的兴趣并促使他们阅读新闻报道。记者应该灵活运用适当的词汇和表达方式，以确保标题准确、有吸引力，并符合新闻报道的要求和标准。

二、简洁明了的表达

在新闻报道中，简洁明了的表达对于传递信息的效果至关重要。记者应该注意使用简洁的语言和避免冗长和多余的词汇，以确保读者能够迅速理解和吸收报道的内容。以下是记者在表达上应注意的两个方面：

（一）使用简洁的语言

在新闻报道中，简洁明了的表达是非常重要的，它能够使读者迅速理解和吸收信息。作为记者，我们需要避免使用过于复杂的词汇和句子结构，以免给读者造成困扰。本书将介绍一些使用简洁语言的技巧，以帮助我们在新闻报道中实现简洁明了的表达。

首先，我们可以通过使用简洁的句子来表达信息。过长和复杂的句子会使读者感到困惑，难以理解。因此，我们应该尽量保持句子简洁明了。例如，原句"根据最新的研究结果，发现了与过去的实验结果一致的现象"。可以简化为"最新研究结果与过去实验结果一致"。这样的简洁句子能够直接传达信息，让读者迅速了解到关键要点。

其次，我们应该简明扼要地传达关键信息和要点，避免过多的修饰和描绘。有时候，我们可能倾向于在报道中使用大量的修饰词和描绘性的语言，以期让报道更加生动和有趣。然而，过多的修饰和描绘可能会使报道变得冗长，读者难以抓住关键信息。因此，我们需要将注意力集中在传达关键信息和要点上。举个例子，原句"在昨天的比赛中，那位年轻的选手以出色的技巧和敏锐的洞察力，成功地击败了对手，获得了冠军的头衔"。可以简洁表达为"年轻选手昨天凭借出色技巧和敏锐洞察力赢得冠军"。通过这样的简洁表达，读者能够更快速地理解并记住关键信息。

（二）去除冗长和多余的词汇

简洁明了的表达不仅需要注意语言的简洁性，还需要注意信息的准确性。我们应该确保所表达的信息准确无误，避免误导读者。在新闻报道中，准确性是最基本的要求之一。因此，在表达时，我们需要对所报道的事实进行仔细核实，以确保信息的准确性和可靠性。

另外，我们还可以运用一些修辞手法来提升新闻报道的简洁明了性。例如，使用简洁的比喻、类比和直接的描述方式，可以使报道更具有形象和感染力。这些修辞手法可以在保持简洁性的同时，让读者更好地理解和共鸣。

简洁明了的表达不仅在标题中非常重要，也贯穿于整个新闻报道的内容中。我们应该时刻关注语言的简洁性，避免冗长和复杂的表达方式。通过简洁明了的表达，我们能够让读者迅速抓住关键信息，更好地理解新闻报道。简洁明了的表达有助于提高报道的可读性和传递信息的效果，同时也能增强读者对新闻的信任和理解。

总结起来，记者在新闻报道中应该追求简洁明了的表达。通过使用简洁的语言和句子结构，去除冗长和多余的词汇，我们能够让报道更易于理解和消化。记者应该注重语言的简洁性、信息的准确性，同时运用修辞手法来提升报道的形象感染力。通过简洁明了的表达，我们能够吸引读者的注意力，使他们更好地理解和消化新闻报道。

三、吸引读者兴趣的悬念和亮点

吸引读者的兴趣对于新闻报道的成功至关重要。记者需要运用一些技巧和手法，利用悬念和引人猜想的元素，以及突出新闻报道的亮点和独特之处，从而引起读者的好奇心和阅读欲望。

（一）利用悬念和引人猜想的元素

悬念是一种引发读者好奇心和持续关注的手法，可以使报道更具吸引力。记者可以在标题、引言或文章的开头部分引入悬念元素，让读者产生猜想和渴望进一步了解的欲望。以下是一些利用悬念的技巧：

引人入胜的开头。在报道的开头部分，使用引人入胜的描述或情节，使读者产生好奇心和悬念感。例如，通过提出一个问题、描述一个引人注意的场景或描绘一个令人惊讶的事件，引起读者的兴趣。

例如，假设一篇新闻报道讲述了一个神秘的失踪案件，引人入胜的开头可以是："一个平静的夜晚，一位年轻女子在家中突然消失了。门窗紧闭，一丝痕迹也没有留下。她究竟去了哪里？"

逐步透露信息。在报道过程中，逐步透露关键信息，让读者不断猜测和推测。可以通过提供一些关键线索、暗示或不完整的信息来刺激读者的好奇心，使他们想要了解更多。

例如，假设一篇报道讲述了一场大型艺术展览，逐步透露信息的写法可以是："在这次展览中，观众将被带入一个神秘的艺术世界。透过那扇门，你将看到……接下来，你将欣赏到……"

悬念结尾。在报道的结尾部分，留下悬念，让读者在结束阅读时仍然保持好奇心。可以使用暗示、留下未解决的问题或引发读者思考的观点，引发读者对接下来的发展产生兴趣。

例如，一篇报道讲述了一项科学研究的突破性发现，悬念结尾可以是："这项研究的结果震惊了科学界，引发了更多的问题和猜测。未来，我们能否解开这个谜题？只有时间才能告诉我们。"

通过利用悬念和引人猜想的元素，记者可以吸引读者的注意和阅读欲望。悬念的引入可以使报道更加吸引人，读者会被悬念所驱使，持续关注并希望了解更多。记者应注意悬念的适度使用，避免给读者过多的猜测，同时保持报道的准确性和可靠性。这样，读者会被悬念吸引，同时能够获得真实而有趣的新闻信息。

（二）突出新闻报道的亮点和独特之处

突出新闻报道的亮点和独特之处可以吸引读者的注意。亮点可以是新闻报道中的重要信息、关键事件或引人注目的事实，能够使报道与众不同，引起读者的兴趣。以下是一些突出亮点的方法：

鲜活的人物故事。通过讲述具有鲜明个性和令人感兴趣的人物故事，突出报道的亮点。读者通常对具有独特经历、特殊才能或杰出成就的人物产生兴趣，并愿意了解更多有关他们的故事。

例如，一篇新闻报道讲述了一位年轻科学家在探索未知领域取得突破性成果的故事。通过突出这位科学家的背景、努力和成就，可以吸引读者的注意并让他们对报道产生浓厚的兴趣。

独家报道和首次揭秘。如果你拥有独家报道或首次揭秘的信息，可以在标题或开头部分突出这一亮点。读者对独家报道和首次揭秘感到好奇，他们希望了解新鲜的、前所未闻的信息。

例如，一篇报道揭露了某公司的丑闻事件，这是该报道的独家报道。通过在标题中强调独家性质，可以引起读者的兴趣并吸引他们进一步阅读报道。

引人注目的数据和统计信息。如果你的报道包含引人注目的数据和统计信息，可以在标题或开头部分突出这些信息。数据和统计信息具有客观性和权威性，能够吸引读者的注意，并为报道提供支持和证据。

例如，一篇报道讲述了某个城市的犯罪率下降的趋势，并提供了相关的统计数据。通过在标题中突出这一数据，可以引起读者的兴趣，并使他们对报道的内容产生兴趣。

独特的视角和解读。通过提供独特的视角和解读，突出报道的亮点。读者对新鲜的、独特的观点和分析感兴趣，他们希望从不同的角度了解事件和问题。

例如，一篇报道讲述了环保问题，通过提供专家的独特视角和对环保行动的深入解读，可以吸引读者的关注并引发他们对环保问题的思考和行动。

通过突出新闻报道的亮点和独特之处，记者可以吸引读者的兴趣和好奇心，促使他们进一步阅读和关注报道。同时，记者应该保持报道的准确性和客观性，确保所呈现的亮点与事实相符，为读者提供真实可信的信息。这样的报道不仅能够吸引读者的关注，还能够提供有价值的新闻内容，增强读者对新闻媒体的信任和认可。

四、视觉吸引力和格式

在新闻报道中，视觉吸引力和版面格式的合理运用可以增强读者的阅读体验和吸引力。通过巧妙地运用视觉元素和版面设计，记者可以吸引读者的注意并提供更好的信息传递。

（一）使用大字标题和粗体字

使用大字标题和粗体字可以突出新闻报道的重点和关键信息，吸引读者的注意。标题是读者浏览新闻时首先注意到的部分，因此标题的大小和样式非常重要。以下是一些使用大字标题和粗体字的技巧：

引人注意的标题。使用大字标题和粗体字来突出新闻报道的关键信息和亮点。标题应该简洁明了，同时具备吸引力和表达力。适当使用形象化的词汇和短语，增强标题的吸引力。

例如，一篇关于科技创新的报道标题可以是："革命性科技：改变我们生活的未来。"通过使用大字标题和粗体字，突出报道的核心内容，吸引读者的注意。

段落的突出信息。除了标题，记者还可以使用粗体字来突出段落中的关键信息和重要观点。这样可以帮助读者快速浏览和理解文章的核心内容，节省阅读时间。

例如，在一篇关于健康饮食的报道中，记者可以使用粗体字强调关键的营养建议，如："多摄入水果和蔬菜""减少糖和盐的摄入量"等。这样的突出信息可以帮助读者快速了解报道的主要内容，重点强调关键信息。

通过使用大字标题和粗体字，记者可以突出新闻报道的重点和关键信息，吸引读者的注意。这样的设计元素能够提升标题和段落的可读性和吸引力，使读者更容易抓住新闻的核心内容。记者应根据报道的需要和媒体平台的规范，灵活运用大字标题和粗体字，提供更吸引人的新闻报道。

（二）考虑新闻版面的格式要求

在撰写新闻报道时，记者应考虑到不同新闻版面的格式要求。不同媒体和平台可能有不同的版面规范和设计要求，记者应该熟悉并遵循这些要求，以确保报道的呈现符合版面设计的要求。以下是一些需要注意的方面：

版面分栏。新闻报道通常以分栏的形式呈现，记者应根据版面设计要求合理分配和安排文章的内容。遵循版面分栏的规范可以使文章在版面上呈现得更加整齐和有序。不同的版面设计要求可能包括单栏、双栏或多栏布局，记者应根据媒体平台的要求进行相应的调整。

图文结合。记者可以考虑在报道中加入图片、图表或其他视觉元素，以增强视觉吸引力。同时，要注意图文的协调和平衡，确保图文之间的关联性和连贯性。合理使用图片和图表可以使报道更具可读性和可视化效果，吸引读者的眼球并更好地传达信息。

字体和排版。选择合适的字体和排版风格，以确保文章易读、清晰明了。记者应注意使用清晰易读的字体，避免使用过小或过大的字号，以免影响阅读体验。此外，合理的排版也是重要的一环，包括段落间距、行间距和文字对齐等。良好的排版可以使文章呈现得更加整洁、舒适，提升读者的阅读体验。

例如，在一份报纸新闻报道中，记者需要根据版面规定将文章适配到指定的栏数和尺寸中，并确保图片与文字的协调布局。另外，记者应选择符合报纸风格的字体和字号，以保证文章的可读性和视觉吸引力。

通过使用大字标题和粗体字突出重点信息，以及考虑新闻版面的格式要求，记者可以增强报道的视觉吸引力和阅读体验。视觉吸引力和格式的合理运用不仅能够吸引读者的注意，还可以提供更好的信息传递和阅读体验，增加读者对新闻报道的兴趣和信任。记者应根据不同媒体平台的要求，灵活运用合适的版面设计和格式，为读者呈现出精美而具有吸引力的新闻报道。

五、准确传递主题和核心信息

在新闻报道中，准确传递主题和核心信息是记者的责任之一。读者希望从报道中快速了解新闻的主题和关键内容，因此记者需要以准确和清晰的方式表达。

（一）突出新闻报道的主题和核心内容

记者应该突出新闻报道的主题和核心内容，确保读者能够清楚理解报道的重点。为了准确传达主题和核心信息，记者可以采取以下措施：

明确主题。在报道中明确指出主题或事件的核心，使读者能够快速理解报道的焦点。主题可以通过标题、引言或开头部分明确传达。标题应简洁明了，准确概括新闻报道的主题。引言或开头部分可以简要介绍主题，并引发读者的兴趣，使他们希望进一步了解报道的内容。

举例：一篇关于环境保护的新闻报道的主题是"气候变化对农业的影响"。标题可以是"气候变化引发农业危机：粮食供应面临巨大挑战"。这样的标题明确指出了主题，并引起读者对气候变化对农业影响的关注。

强调关键信息。使用粗体字、引号或段落的突出部分来强调关键信息和核心观点。这些方式可以帮助读者快速识别和理解文章的重要内容。关键信息通常是新闻报道中的关键细节、重要数据或核心观点。通过突出这些信息，读者可以更快地了解新闻的要点。

举例：在一篇关于医学研究的报道中，关键信息可以是研究结果中的关键数据或观点。使用粗体字突出这些信息，读者可以快速获取关键数据或观点，从而理解研究的重要性和影响。

通过明确主题和强调关键信息，记者可以突出新闻报道的核心内容，帮助读者迅速了解报道的要点。这样的报道能够提供准确、有针对性的信息，满足读者对新闻的需求。同时，记者应确保所突出的主题和关键信息与报道的内容一致，避免误导读者。准确传达主题和核心信息可以增加报道的可信度，提升读者对新闻的信任和理解。

（三）避免误导和夸大的表达

在新闻报道中，避免误导和夸大的表达至关重要，因为这直接关系到报道的准确性和可信度。新闻报道作为传递信息、揭示事实真相的重要渠道，其准确性和可信度对于读者和社会的影响至关重要。在新闻报道中，记者扮演着关键的角色，他们有责任确保所报道的信息准确、客观，避免误导和夸大表达。以下将详细阐述避免误导和夸大表达的重要性。

首先，准确传递信息是新闻报道的基本要求。读者对于新闻媒体的信任建立在对其准确性的依赖上。记者应当深入调查、收集多方信息，核实事实真相，避免依赖未经证实的传闻或匿名消息源的言论。准确传递信息可以帮助读者了解事实，形成客观判断，并促进公众对新闻媒体的信任。

其次，避免误导是记者的职责之一。误导性报道会误导读者的判断和决策，给社会带来不良影响。记者应当保持客观中立的立场，避免在报道中加入个人观点或主观评论。报道应基于可靠的证据和多方面的观点，让读者自行形成意见。避免误导性表达有助于确保报道的客观性和公正性，维护新闻媒体的声誉。

此外，夸大表达会损害报道的可信度。记者应当谨慎使用形容词和修饰性的词语，避免夸大事实或夸张语气。夸大表达会使报道失去客观性，降低读者对报道的信任。记者应以客观、准确的态度对待所报道的事件，避免夸大其词，以确保报道的可信度和公信力。

遵循新闻伦理和职业道德是避免误导和夸大表达的基础。记者应遵守职业准则，尊重事实，平衡报道，确保报道的独立性和公正性。他们不应出于个人或其他利益而夸大事实或误导读者。媒体机构也应加强对记者的培训，提供伦理指导和监督，以确保新闻报道的质量和可信度。

总之，在新闻报道中，避免误导和夸大表达的重要性不容忽视。准确传递信息、避免误导和夸大表达有助于建立读者对新闻媒体的信任和公信力。记者作为信息的传递者和社会的观察者，应时刻牢记自己的职责和义务，为公众提供准确、客观、真实的新闻报道。只有在遵循这一原则的基础上，新闻媒体才能发挥其在社会中的积极作用，推动社会的进步和发展。

以下是一些注意事项，帮助记者避免误导和夸大的表达：

准确使用词语。记者应该使用准确的词语来描述事件和事实，避免使用夸大、主观或具有误导性的表达。准确的词语可以提供客观的信息，帮助读者更好地理解报道的内容。

例如，假设一篇报道涉及一起交通事故，记者应该准确描述事故的严重程度和影响，而不是夸大事故的后果。避免使用过于夸张或情感化的词语，如"惊天动地""灾难性"等，以确保报道的准确性和客观性。

核实信息的可靠性。记者在报道中引用数据、引述他人观点或报道事件时，应核实信息的可靠性和准确性。避免引用未经证实的信息或传闻，以免误导读者。

举例，如果一份报道引用了某项研究的结果，记者应确保该研究已经经过专业的评审和验证，并得到相关领域专家的认可。避免引用未经权威机构认可或无充分证据支持的研究，以免给读者带来误导。

客观报道。记者应保持客观的态度和立场，在报道中避免过多的主观评论或个人偏见。报道应基于事实和可靠的信息，提供多方面的观点和意见，让读者自行判断和形成自己的意见。

第四章　新闻报道的语言表达

第一节　新闻报道的语言特点

一、新闻报道语言的客观性

（一）客观性原则的理论阐述

客观性是新闻报道的基础和核心，被誉为新闻业的"金标准"。这不仅是一个理论框架，更是新闻实践中的重要原则。它主张新闻报道应以事实为基础，公正、中立地描述事件，避免被个人情感、价值观或偏见所影响。

客观性的首要元素是事实。新闻记者应致力于找寻和确认事实，而不是仅仅满足于揭示现象。

第二个元素是公正，新闻记者应当以公正、公平的视角呈现事实，不偏袒任何一方。

客观性原则强调，新闻报道不应被记者或编辑的主观观念所左右，而应当全面、准确、公正地传达事实。

大部分受访者对新闻报道的客观性有着较高的期待，他们希望新闻能够全面、公正地展示事件，而不是满足于片面或偏颇的报道。新闻记者和媒体机构也应以此为准则，努力满足公众对新闻客观性的期待，以更好地履行其社会责任。

（二）客观性在新闻报道语言中的体现

新闻报道的语言确实是实现客观性原则的关键工具。记者通过语言来描绘事实、传递信息，语言的选择和使用直接影响到新闻报道的客观性。

首先，在词汇的选择上，客观性要求使用中性、无偏见的词语，避免使用带有明显情感色彩或倾向性的词汇。

其次，在事件的描述上，客观性要求全面、真实地反映事件，不遗漏关键信息，也不进行夸大或低估。例如，在报道一次交通事故时，应准确描述事故的具体情况，包括时间、地点、参与者、结果等，而不能仅仅说"一次严重的交通事故"，这样的表述既模糊又带有情绪色彩。

最后，在引用来源和证据上，客观性也需要体现出来。新闻记者应当公正地引述各方的观点，对于同一事件的不同看法，应当均衡报道，不能只引用符合自己观点的信息源。

新闻报道的语言应当真实、公正、全面地反映事件，不应受到任何主观倾向的影响。

（三）客观性对新闻报道的影响和意义

新闻报道的客观性对新闻报道本身及其在社会上产生的影响具有决定性的意义。

首先，客观性是新闻报道质量的重要保证。客观性强调的是新闻报道在处理事实和信息时的公正和真实性。一篇高质量的新闻报道，无论其主题如何复杂或敏感，都应该以公正、公平、无偏见的方式来报道，让读者能够看到事情的全貌，从而有依据和自由度去构建自己的观点和判断。

在新闻报道中，客观性的保证有赖于多方面的努力。记者需要对报道的主题进行深入的研究，采集多元的信息，采访各方观点，然后在报道中呈现出这种多元性。编辑在对稿件进行审查和修改时，也需要遵守客观性原则，避免因主观偏好或立场影响报道内容的真实性和公正性。新闻媒体作为整体，需要建立一套健全的制度和机制，确保其新闻报道的客观性，如设立独立的新闻监察机构，实行多重审稿制度等。

客观性是新闻报道质量的保证，也是媒体保持公信力，赢得读者信任的关键。只有做到客观公正的报道，才能提供给读者全面准确的信息，使他们能够基于事实做出决策或形成观点，而不是被记者的主观判断所左右。

其次，客观性是新闻媒体公信力的基础。一个长期坚持客观报道的新闻机构，会赢得公众的信任，进而提升其新闻影响力。反之，如果新闻报道丧失客观性，可能导致公众对媒体的信任度下降，甚至引发社会的质疑和争议。

最后，客观性是社会公正的重要支撑。新闻媒体是社会公众获取信息的主要途径，其报道的客观性直接影响公众对社会问题的理解和判断，进而影响社会公正的实现。客观公正的新闻报道能够促进公众对社会现象的理性认识，有助于社会公正的实现。因此，新闻报道的客观性具有重要的社会意义。

二、新闻报道语言的准确性

（一）准确性原则的理论阐述

新闻报道的准确性原则要求所有的信息，包括基本事实、数据和数字，以及相关人物的话语等，都必须真实无误。例如，如果报道一次火灾，报道中提到的火灾发生的时间、地点、受影响的人数、财产损失的估计等都应该是真实并经过验证的。任何不准确的信息，无论其出现的原因是无意的错误还是故意的误导，都会破坏新闻的准确性。事实上，几家主流媒体在报道同一事件时，即使是最基本的事实，如事件发生的时间或地点，都可能会有所不同。这就引出了对新闻来源的质疑，为了维护媒体的公信力和新闻的权威性，准确性原则的遵守显得至关重要。

语言的准确性是另一方面的要求。新闻报道的语言应当是清晰、准确的，使读者能够理解报道的内容，而不会引起误解或混淆。例如，在报道一次政治演讲时，记者应当准确引述演讲者的话语，不能歪曲或者省略其观点。此外，新闻报道还需要使用准确的术语。例如，在科学和技术新闻报道中，使用准确的科学术语是至关重要的，任何术语的误用都可能会导致读者对科学事实的误解。

解读的准确性是第三方面的要求。新闻记者不仅需要报道事实，还需要对事件进行分析和解读。在这个过程中，记者必须以事实为基础，避免因为个人的情感或者观点的干扰而导致对事件的误读。例如，在报道一次选举结果时，记者需要准确解读选举数据，给出基于事实的分析，不能因为个人的政治立场而偏离事实。

总的来说，新闻报道的准确性原则要求新闻记者在报道事实、使用语言以及进行解读时，都必须遵守准确性的要求，这对于维护新闻的公信力和权威性，保障公众的知情权具有重要的意义。

（三）准确性在新闻报道语言中的体现

新闻报道的准确性在许多方面得到体现，但最关键的无疑是在报道的语言表达上。无论是对事件的描述，还是对相关人物话语的引述，都要求语言的精确度和准确度。新闻语言的准确性不仅能够提高信息的传递效率，也能够保证公众获取到的信息是真实和可靠的。

对于事件的准确描述，它要求记者尽可能全面、详细、深入地报道事件。比如在报道一起地震事件时，需要包含地震发生的时间、地点、震级、震源深度、灾情、救援进展等一系列详细信息。而且，这些信息都必须是准确无误的。例如，在 2017 年的九寨沟地震中，新华社第一时间发布的新闻就详细报道了地震的震中地点、震级、震源深度等基本信息，并及时更新了灾情和救援的最新进展。这种准确的报道不仅提供了公众关心的信息，也体现了新闻媒体的社会责任和职业操守。

在对相关人物话语的准确引述方面，新闻记者应确保被采访者的观点、意见和陈述得到准确无误的传达。这是对被采访者的尊重，也是对公众的负责。

准确性在新闻报道语言中的体现并不仅限于以上所述，实际上，准确性原则在新闻报道的每一个环节都起着核心作用。从新闻的选题、采访、写作，到编辑、审查、发布，无论哪个环节，准确性原则都是新闻工作者必须坚守的底线。新闻报道的准确性不仅是新闻媒体的职业道德，也是新闻媒体建立公众信任和公信力的关键。只有坚守准确性原则，新闻媒体才能在信息传播的过程中起到引导公众、服务社会的作用。

（四）准确性对新闻报道的影响和意义

新闻报道的准确性对其影响力和意义起着决定性的作用。从公众的角度，准确的新闻报道是人们了解事实、认识世界的重要窗口。从新闻媒体的角度，准确性则是其公信力、影响力和社会责任的关键。

首先，准确性是新闻报道的公信力基石。当今信息爆炸的时代，公众对于信息的需求旺盛，但同时也对信息的真实性、准确性有着高标准的要求。一则准确无误的新闻报告可以快速地获得公众的信赖和支持，扩大其影响力。相反，一旦报道失去准确性，新闻的公信力和影响力便会受到严重损害。

其次，准确性是新闻报道公正性的保证。新闻报道不仅要传递事实，也要呈现事实背后的深层次含义，而只有基于准确无误的信息，才能进行全面、公正的解读。例如，在报道环境问题时，准确的数据和事实能帮助公众理解问题的严重性，从而推动政策制定和公众行动。

最后,准确性是新闻媒体履行社会责任的要求,同时也是对被报道人权益的保护。新闻报道的错误可能会对被报道人或者机构造成不必要的困扰甚至损害。而这样的错误,是可以通过坚守新闻准确性原则来避免的。

总结来说,准确性是新闻报道的基本要求,是新闻媒体建立和保持公信力,履行社会责任,保护被报道人权益的关键。新闻工作者在追求速度、热度的同时,必须始终坚守新闻报道的准确性原则,以保证新闻报道的真实性和公正性,以及新闻媒体的社会责任和公信力。

三、新闻报道语言的简洁性和可读性

(一) 简洁性和可读性原则的理论阐述

简洁性和可读性是新闻报道语言的另两项重要原则。这两个原则从根本上影响着新闻的接收、理解和传播。

简洁性原则强调新闻报道的语言应该简洁明了,避免冗长、复杂的句子和过于专业、生僻的词汇。这并不意味着新闻报道应该过度简化或者失去深度,而是要求新闻记者在确保信息全面、准确的前提下,以最简洁、最直观的语言表达,让读者能够快速、容易地理解新闻内容。

比如,在报道科学新闻时,新闻记者可能需要解释一些科学原理或者技术。如果使用复杂的句子和专业词汇,可能会让大多数读者感到困惑。反之,如果记者能够将复杂的科学原理简化为简单的

句子和日常词汇，那么更多的读者就能理解报道的内容。例如，记者可以将"利用核磁共振成像技术，科学家发现了大脑的新功能区域"简化为"科学家用一种叫作 MRI 的设备，发现了大脑中新的工作部位"。

简洁性原则也适用于报道的长度。一份过长的报道可能会导致读者的注意力分散，从而影响他们理解和记住报道内容。因此，记者需要在确保报道内容完整的同时，尽可能地减少不必要的信息，使报道更为精练。例如，对于一起政策变动的报道，记者可以直接列出政策的主要变动点，而无须详细列举所有的细节。这样既可以帮助读者快速掌握主要信息，也可以避免让读者感到厌烦。

可读性原则则关注新闻报道的阅读体验，包括文字的理解难易程度、语言的流畅度以及文章的结构清晰度等。新闻报道应当追求高可读性，即使是复杂的话题和事件，也应该用容易理解、易于阅读的方式表达出来。

语言的流畅度是可读性的一项重要指标。即使是严肃的新闻报道，也应该保持语言的自然和流畅，避免僵硬和生僻的表达方式。

文章的结构清晰度也是可读性的一项重要指标。记者在撰写新闻报道时，应该遵循逻辑清晰、层次分明的结构，帮助读者理解和记住报道内容。例如，对于一份复杂的调查报道，记者可以首先概述调查的主要发现，然后详细介绍调查的方法和过程，最后分析调查结果的意义。这样的结构不仅能帮助读者理解报道的主要信息，也能帮助他们理解调查的过程和意义。

这两个原则实质上是关注新闻报道的接收者——公众。新闻记者应当站在读者的角度，考虑他们的阅读习惯、理解能力以及获取信息的需求，从而写出既深入又易懂，既准确又流畅的新闻报道。

（二）简洁性和可读性在新闻报道语言中的体现

简洁性和可读性原则在新闻报道中的体现形式多种多样，从词汇选择到句子结构，从篇幅控制到逻辑条理，这两个原则在新闻报道中无处不在。

对于简洁性，新闻报道需要在传达充足、准确信息的同时，避免冗余和啰嗦。例如，在描述事件发生的情况时，记者应准确直接地表达事实，避免使用冗长、复杂的句子结构。具体表现为：对事实的描绘应直接明了，尽可能减少不必要的修饰和描述。如"两车在十字路口相撞，造成一人受伤"，而不是"在一个普通的十字路口，两辆车发生了不幸的碰撞，导致了一位无辜的路人受到了伤害"。

在新闻报道的篇幅上，应控制在适当的长度，太长的报道可能会使读者感到厌烦，而太短的报道可能无法全面准确地传达信息。因此，新闻报道的长度应根据报道的内容和主题进行适当的调整。

对于可读性，新闻报道需要考虑读者的阅读体验。例如，新闻报道应使用通俗易懂的语言，避免过于专业和生僻的词汇。具体表现为：语言的选择应接近大众的语言习惯，避免使用过于专业或者过于口语的词汇，如将"强降雨"替换为更常见的"大雨"。

此外，新闻报道的结构应该清晰，逻辑顺序应明确，有助于读者理解和记忆报道的内容。例如，新闻报道通常采用"倒金字塔"结构，即先给出最重要的信息，然后逐步提供详细的背景和细节。

这样的结构可以帮助读者快速掌握主要信息，同时也能根据自己的需要，选择是否继续阅读详细的内容。

在新闻报道语言中，简洁性和可读性是相辅相成的。简洁的语言可以提高新闻报道的可读性，而高可读性的报道也往往需要简洁的语言。两者都对提高新闻报道的接收效果具有重要的作用。

（三）简洁性和可读性对新闻报道的影响和意义

简洁性和可读性对新闻报道有着深远的影响，并且对新闻报道的质量和效果起到决定性的作用。以下是简洁性和可读性对新闻报道的影响和意义的详细阐述。

首先，简洁性和可读性是提高新闻报道接收效果的关键。在信息爆炸的今天，读者面临的信息量极大，只有简洁、易读的新闻报道才能在众多信息中脱颖而出，被读者所接收并理解。例如，如果一篇新闻报道语言冗长、复杂，即使信息内容再丰富，也难以吸引读者的注意力，反而可能会被读者忽视或放弃。反之，简洁、直接的语言可以快速传递信息，易读的结构和内容可以提高读者的阅读体验，从而提高新闻的接收效果。例如，当一场重大的国际事件发生时，各大新闻媒体可能都会对此进行报道。如果一篇报道中的信息淹没在冗长和复杂的语言之中，那么读者可能会选择放弃阅读，即使这个报道包含了大量的有用信息。相反，如果一篇报道能用简洁、直接的语言将最关键的信息准确地传达给读者，那么它就更有可能吸引到读者，从而实现更好的信息传递效果。

其次，简洁性和可读性也是保证新闻报道质量的重要因素。新闻报道的目标不仅是传递信息，更重要的是传递准确、有价值的信息。如果新闻报道的语言复杂、冗长，那么信息可能会因此而变得模糊不清，导致读者理解错误。简洁、明了的语言则能更精准地传达信息，增强新闻的质量。此外，易读的新闻报道可以帮助读者更好地理解和记忆信息，从而提高新闻的影响力。例如，新华社的报道就以其语言的简洁性和高度的信息价值著称，即使是对于复杂的政策问题，它们也能用易于理解的语言向读者清晰地解释。

最后，简洁性和可读性对于维护新闻公信力也起到重要的作用。公众对新闻的信任度很大程度上取决于新闻的质量，而新闻的质量则与新闻的简洁性和可读性密切相关。如果新闻报道语言冗长、复杂，或者结构混乱，读者可能会对其质量产生怀疑，进而影响到新闻的公信力。

综上所述，简洁性和可读性在新闻报道中起着至关重要的作用。只有通过简洁、易读的语言，新闻报道才能有效地传达信息，提高新闻的接收效果，保证新闻的质量，维护新闻的公信力。因此，无论从新闻报道的角度，还是从社会公众的角度，都需要重视并实践新闻报道的简洁性和可读性原则。

第二节　新闻报道的语言表达技巧

为了更好地传达信息和吸引读者的注意，新闻报道运用一系列语言表达技巧，旨在提高报道的吸引力和可读性。

一、引人入胜的开头

在新闻报道中，引人入胜的开头起着至关重要的作用。通过巧妙的语言表达和引人注目的方式，记者可以吸引读者的注意力，激发他们的好奇心，并促使他们继续阅读整篇报道。在这一节中，我们将探讨几种常见的引人入胜的开篇方式。

（一）提出引人注意的问题

通过提出一个引人注意的问题，记者可以迅速吸引读者的兴趣并激发他们的思考。这个问题应该与报道的主题紧密相关，并具有足够的吸引力，引发读者的好奇心，使他们想要了解更多。通过提出问题，记者可以引导读者思考，进而激发他们继续阅读的欲望。

例如，一篇关于环境保护的报道可以这样开始："你是否曾想过，每年全球有数百万吨的塑料垃圾被倾倒进海洋，对海洋生态系统造成了巨大的威胁。那么，我们应该如何应对这个问题呢？"

（二）引用引人共鸣的事实或数据

引用具有冲击力的事实或数据可以迅速吸引读者的注意力，并让他们对报道的主题产生共鸣。这些事实或数据应该具有代表性，能够揭示问题的严重性或突出性，并引发读者的兴趣，让他们想要了解更多相关信息。

例如，一篇关于食品浪费的报道可以这样开始："据统计，全球每年约有8000万吨的食物被浪费，而仍有数以亿计的人口在挨饿。这个数字令人震惊，让我们深思粮食的珍贵与浪费的不可持续之间的关系。"

（三）描绘引人入胜的场景或故事

通过生动的场景描写或引人入胜的故事情节，记者可以吸引读者的眼球，并将他们带入报道所描述的场景或事件中。这种方式可以让读者更加身临其境地感受报道的现场氛围，增加他们的阅读体验。

通过巧妙运用引人入胜的开篇方式，记者可以增加报道的吸引力和阅读量，引起读者的兴趣，并引导他们进一步阅读报道的全文。下面详细介绍这一技巧的应用方法。

首先，记者应根据主题和读者群体的特点选择合适的开篇方式。不同的主题和读者群体可能对不同类型的开篇方式更感兴趣。例如，针对某个热门话题，可以采用提出引人注意的问题或引用引人共鸣的事实的方式开篇。对于一篇关于人物故事的报道，可以通过描绘引人入胜的场景或故事情节来引起读者的兴趣。记者需要了解受众的背景和兴趣，以选择最合适的开篇方式。

其次，记者在编写报道时应保持语言的准确性和客观性。准确的语言表达可以确保报道传递的信息准确无误，避免误导读者。记者应使用准确的词汇和恰当的句子结构，避免含糊不清或模棱两可的表达。同时，记者应保持客观中立的态度，避免个人偏见和立场的介入。新闻报道应该以客观的角度呈现事实，让读者自行形成观点和判断。

最后，记者应确保报道的真实性和可信度。引人入胜的开篇方式不应以虚构或夸大的手法吸引读者。记者应基于事实进行报道，确保所呈现的信息真实可信。在引用引人共鸣的事实或数据时，记者需要核实信息的来源和准确性，避免使用未经证实的信息或传闻。同时，记者应注重采访和引用专家的观点，增加报道的权威性和可信度。

通过巧妙运用引人入胜的开篇方式，并保持语言的准确性、客观性和可信度，记者可以吸引读者的关注，增加报道的阅读量，并有效传递新闻信息。这样的报道不仅能够满足读者对信息的需求，还能够提高读者对新闻的关注度和理解程度。记者在编写报道时应不断提升自己的语言表达能力，以创造引人入胜的开篇方式，为读者呈现有趣且可信的新闻报道。

二、核心要点突出

核心要点突出是新闻报道中的一项重要技巧，它能够帮助读者快速获取新闻的关键信息，同时吸引他们进一步阅读全文。在这一节中，我们将详细介绍如何将报道的核心要点放在开头和标题中，并提供一个具体的例子。

将核心要点放在开头和标题中是为了让读者在最短的时间内了解新闻的关键信息。通过突出报道的核心内容，读者可以快速了解新闻的主题和主要内容，从而决定是否继续阅读全文。这种方式能够提高报道的效果，增加读者的阅读兴趣和参与度。

举例来说，如果一篇报道的核心要点是科学家发现一种新型疫苗可以有效预防某种疾病，那么标题可以是："重大突破！科学家发现新型疫苗可有效预防×××疾病。"这个标题直接突出了新闻的核心内容，包括重大突破和新型疫苗的有效性。读者在看到这个标题时就能够了解到新闻的重要信息，并产生浓厚的兴趣，进而决定是否继续阅读全文。

在报道的开头部分，记者可以进一步展开核心要点，并提供更多相关的信息。例如："在最新的研究中，科学家们取得了一项重大突破，成功开发出一种新型疫苗，据称可以有效预防 XXX 疾病，为全球健康带来新的希望。"这个开头引入了最新研究的背景和重要性，并强调了新型疫苗的有效性和对全球健康的意义。通过这样的开篇，读者可以进一步了解报道的背景和重要信息，从而加深对新闻的理解和兴趣。

在新闻报道中，将核心要点放在开头和标题中是一种有效的语言表达技巧，能够迅速吸引读者的注意并让他们了解到新闻的关键信息。下面详细介绍这一技巧的优势和应用方法。

首先，将核心要点放在开头和标题中能够提高报道的吸引力和阅读量。读者在浏览新闻时往往会先看标题和开头部分，通过在这两个位置准确传达新闻的核心内容，可以吸引读者的兴趣，引导他们进一步阅读全文。这对于提高报道的曝光率和吸引更多读者具有重要意义。

其次，这种方式帮助读者快速获取最重要的信息。在快节奏的社会中，人们通常时间紧迫，对信息的获取要求迅速和高效。通过在标题和开头部分准确呈现新闻的核心要点，读者能够迅速了解到最重要的信息，从而更好地把握新闻的主题和内容。

此外，将核心要点放在开头和标题中可以加深对新闻的理解和参与度。读者通过了解新闻的核心要点，可以更好地理解报道所涉及的问题和事件，进而产生更多的思考和参与。这有助于读者形成独立的观点和判断，促进公众对重要问题的关注和讨论。

为了准确传达新闻的核心要点，记者应该注意以下几点：

确定新闻的核心内容。在编写报道之前，记者需要明确新闻的核心要点，确保准确把握新闻的主题和关键信息。

简明扼要的语言表达。在标题和开头部分使用简洁明了的语言表达，避免冗长和复杂的句子结构。简明扼要的表达方式有助于读者快速理解新闻的核心内容。

强调关键信息。通过使用粗体字、引号或其他方式，突出报道的关键信息和核心观点。这有助于读者快速识别和理解新闻的重要内容，节省阅读时间。

逻辑清晰的结构安排。在整篇报道中，要注意保持逻辑清晰的结构安排，使报道的核心要点贯穿始终。这样可以确保读者在阅读过程中能够持续关注和理解新闻的主题。

通过将核心要点放在开头和标题中，记者能够更好地传达新闻的核心内容，吸引读者的关注并提高报道的效果。记者在编写报道时应注意语言的简洁明了和准确性，确保标题和开头能够准确传达新闻的核心要点，并吸引读者的关注。同时，记者还应保持客观中立的态度，以确保报道的公正性和可信度。

三、多角度报道

多角度报道是一种重要的新闻报道手法，它能够展示新闻事件的多样性和复杂性，帮助读者更全面地了解事件的各个方面。以下是详细介绍多角度报道的方法和举例。

记者可以采访不同的人物来获得不同的观点和见解。这些人物可以是直接参与事件的当事人、相关专家、政府官员、业界领袖等。通过采访不同的人物，记者可以获得多样的观点和意见，以及对事件的不同看法和立场。

记者可以收集不同群体的反应和意见。不同群体可能对同一事件有不同的看法和反应，他们的观点和态度可以帮助读者更好地了解事件的影响和意义。记者可以采访选民、市民、行业代表等来获取不同群体的声音，并将这些反应融入报道中。

记者还可以引用专家的分析和评论，以提供专业的观点和解读。专家的分析可以帮助读者更深入地理解事件的背景、原因和影响。记者可以采访学者、研究员、学术专家等，以获取他们的专业观点，并将其引用到报道中。

举例来说，假设有一场自然灾害，记者可以采访受灾群众、救援人员、政府官员和环保专家，以获取不同人群的观点和经历。通过这些采访，记者可以呈现灾民的困境和需求、救援行动的进展和困难、政府的响应和策略，以及环保专家对灾害的分析和预警。

通过多角度报道，记者能够提供更全面、多元的新闻信息，让读者能够了解事件的多个方面。这种报道方式有助于消除偏见和片面观点，让读者形成更客观、全面的认识。记者在进行多角度报道时应保持客观中立的态度，避免偏袒某一方面，以确保报道的公正性和可信度。

多角度报道是一种重要的语言表达技巧，通过呈现多个角度和观点，能够展示事件的多样性和复杂性，让读者能够更全面地了解事件。这种报道方式具有以下优势和特点：

避免片面和偏颇观点。通过收集不同人物的观点和立场，记者可以避免报道过于片面或带有个人偏见。多角度报道能够提供更全面的信息，让读者能够形成更全面、客观的观点和判断。

增加报道的客观中立性。记者在采访和报道过程中要保持客观中立的态度。通过呈现不同人物的观点和意见，报道能够更加客观，避免偏袒某一方面，使读者能够自行思考和评估。

提供深入的分析和解读。多角度报道还可以包括专家的分析和评论。专家学者在特定领域具有专业知识和经验，他们的观点和解读可以帮助读者更好地理解事件的背景和影响。这种深入的分析可以提供更多的信息和观点，让读者有机会进行更深入的思考和讨论。

增强报道的可信度和影响力。通过呈现多个角度的报道，记者可以增强报道的可信度和影响力。读者会意识到这是一种客观、全面的报道，更加愿意接受和信任这样的报道。这有助于建立记者和媒体的声誉，提升新闻机构的影响力。

总而言之，多角度报道是一种重要的语言表达技巧，通过采访不同人物、收集不同观点和寻求专家分析，可以展示事件的多样性和复杂性。记者在编写报道时应善于运用这一技巧，以呈现更全面、客观和准确的新闻报道。这样的报道不仅能够提供丰富的信息，还能够促进读者的思考和理解，增强新闻的影响力和可信度。

四、采访和引用

采访和引用是新闻报道中常用的语言表达技巧，通过采访相关人物或引用专家的观点，可以增加报道的权威性和可信度。这种方式能够为报道提供更多的信息支持，使读者能够听到相关人物或专家的真实声音。

在新闻报道中，记者可以进行以下采访和引用的方式：

采访相关人物。记者可以直接采访与报道主题相关的人物，包括当事人、目击者、专家等。通过采访，记者可以获取第一手的信息和观点，并将其直接引用在报道中。这种直接引语可以使报道更生动，读者能够感受到相关人物的真实感受和态度。

引用专家观点。记者可以引用专家、学者、行业领袖等的观点和评论。这些专家通常在特定领域具有专业知识和经验，他们的观点和分析可以为报道提供权威性和可信度。引用专家观点可以增加报道的可信度，并使读者更好地理解事件的背景和意义。

引用数据和研究结果。记者可以引用相关的数据和研究结果，以支持报道的观点和论述。这些数据和研究结果应来自可靠的来源，并在报道中明确引用出处。通过引用数据和研究结果，读者可以获得更具说服力的信息，并更好地理解报道所涉及的问题。

举例来说，假设有一篇关于经济增长的报道。记者可以采访政府官员、经济学家或业界专家，引用他们对经济形势的评价和预测。例如，一位经济学家可能会提道："根据最新的数据和趋势分析，我们预计今年的经济增长率将达到5%以上，这主要得益于投资增加和消费需求的提振。"通过引用专家观点，报道可以得到专业的支持，增加了报道的权威性和可信度。

采访和引用的技巧包括：

准备充分。记者在进行采访前应对相关话题进行充分的研究和准备，了解相关领域的背景和最新动态。这样可以提出有针对性的问题，并更好地理解和引用采访对象的观点。

确保权威性和可信度。记者应选择权威和可靠的人物或专家进行采访，并确保所引用的观点和数据来源准确可信。在报道中明确引用出处，以便读者可以查证和验证信息。

适度引用和平衡观点。在报道中适度引用相关人物和专家的观点，避免过度引用或偏颇。记者应该平衡不同观点的呈现，尽量包括多方面的声音，以确保报道的客观性和多样性。

通过巧妙运用采访和引用的技巧，记者可以增加报道的权威性和可信度，为读者提供更多的信息支持。这样的报道能够让读者听到相关人物和专家的真实声音，并更好地理解和评估报道的内容。记者在进行采访和引用时应注重准备充分，确保权威性和可信度，并适度引用和平衡不同观点的呈现，以提高报道的质量和影响力。

增加报道的权威性：通过采访政府官员、专业人士、专家学者等相关人物，报道能够获得权威性的支持。相关人物的身份和经验使他们具备一定的权威性和专业性，他们的观点和意见能够为报道提供可靠的信息来源，增加报道的权威性和可信度。

提供实时信息和观点：通过采访相关人物，记者可以及时获取最新的信息和观点。相关人物可以分享他们的经验、见解和预测，使报道具备时效性和实用性。这种实时的信息和观点能够帮助读者更好地了解事件的最新动态和发展趋势。

丰富报道内容：采访和引用能够为报道提供更多的信息和观点，丰富报道的内容。通过直接引用相关人物的观点和言论，读者可以听到他们的真实声音，了解他们的立场和观点。这种直接的引用使报道更加生动，能够引起读者的共鸣和兴趣。

增加报道的多样性和立体性：通过采访不同的人物和引用多个观点，报道能够展示事件的多样性和立体性。不同人物的观点和意见可能存在差异，通过呈现这些差异，读者可以获得更全面的信息，形成更多元的观点和判断。

通过运用引人入胜的开头、突出核心要点、多角度报道和采访引用等语言表达技巧，记者可以提高新闻报道的吸引力和可读性，让读者更加愿意阅读和关注新闻内容。这样的报道能够更好地传递信息，丰富读者的阅读体验，同时增强报道的可信度和影响力。

第三节　新闻报道的语言修辞手法

一、新闻修辞的含义

（一）修辞的含义

修辞是一个由两个汉字组成的词语，其中"修"是动词，意为修饰、装饰、精心打理；"辞"是名词，指言辞、语言、词句。综合起来，修辞指的是通过言辞表达来修饰、装饰和感染的手法。

在修辞学中，修辞是指一种通过巧妙地运用语言的表达方式和修辞手法，以达到提高语言表达效果的目的的活动。它涉及词句的选择、语言的组织、修辞手法的运用等方面。修辞通过精心的言辞设计和表达方式的选择，可以使语言更具艺术性、生动性和说服力，从而增强读者的感知和理解。

在修辞学中，修辞被广泛应用于各种文学作品、演讲、广告宣传、新闻报道等语言表达的领域。通过运用修辞手法，人们可以更好地传达信息、引发情感共鸣、增强表达力，并使言辞更加优美、生动和有影响力。

总而言之，修辞是一种通过精心的语言设计和修辞手法的运用来提高语言表达效果的活动，它在各种语言表达场景中起着重要的作用。

（二）新闻修辞的内涵

新闻修辞是指在新闻传播活动中运用修辞手法，通过言辞的修饰和装饰，提高新闻报道的表达效果和感染力的一种活动。它是在新闻报道中运用各种表现手法，恰当地表述新闻事实的过程。

新闻修辞的目的是通过巧妙运用语言的表达方式和修辞手法，使新闻报道更具艺术性、感染力和说服力。记者可以通过选择合适的词语、语言的组织结构、修辞手法的运用等方式，提高新闻报道的表现力，吸引读者的注意力，增加报道的阅读体验和参与度。

新闻修辞在新闻报道中具有普遍性和适应性，它需要根据特定的时间、地点、人物、背景和题旨情境来进行恰当的运用。记者在进行新闻修辞时需要遵循新闻报道的基本原则，保持客观中立、准确性和可信度，同时充分发挥语言表达的艺术性，使新闻报道更加生动、吸引人，增强读者对新闻内容的关注和理解。

二、在新闻报道中运用修辞的意义与重要性

首先，运用修辞手法可以提升语言表达力。修辞手法能够使语言更富有艺术性和表现力，通过巧妙的言辞修饰和装饰，使新闻报道更加生动、形象化。例如，通过使用比喻、隐喻等修辞手法，可以将抽象的概念转化为具体的形象，增强读者对新闻事件的感知和理解。修辞手法能够丰富语言的表达方式，使报道更具吸引力和影响力。

其次，运用修辞手法可以增加记忆性和可读性。新闻报道往往需要在短时间内传递大量的信息，而修辞手法能够提高信息的记忆性和可读性。例如，使用排比、对偶等修辞手法可以增加语言的韵律感，使报道更加流畅和易读，读者更容易记住报道的内容。修辞手法能够为新闻报道注入一定的艺术性，使之更加引人入胜。

此外，运用修辞手法可以激发读者的情感共鸣。修辞手法能够通过巧妙的语言表达，唤起读者的情感和共鸣，引起他们的兴趣和共鸣，从而更深入地理解和关注新闻报道的内容。例如，通过使用感官形象的描写、情感色彩的渲染等修辞手法，可以让读者更加身临其境地感受报道所涉及的事件或情景，加强情感上的连接。

最后，运用修辞手法可以增强报道的说服力。修辞手法能够巧妙地引导读者的思考和接受，使报道更具说服力。通过使用修辞问

答、反问等修辞手法，可以引发读者的思考和共鸣，增加报道的表现力和说服力。同时，适当运用修辞手法还可以使报道更具有权威性和可信度，例如通过采访引用专家观点的修辞手法，增加报道的可信度和权威性。

比如：这片废墟见证了一场可怕的战争的摧毁，繁忙的街道变成了残垣断壁，喧嚣的市井变得寂静无声。

通过对废墟的描绘，我们能够感受到其中蕴含的情感和意义。它不仅是一处摧毁的废墟，更是人类历史中的一道伤痕，一份珍贵的教训。它使我们反思战争的残酷和和平的可贵，激发我们对美好未来的追求和奋斗。这样的语言表达通过比喻和描写的手法，将废墟的景象与人类的情感联系在一起，使读者能够深刻地感受到其中所蕴含的意义和情感。它提升了语言的表达力和感染力，使读者更加投入其中，并思考人类的选择和对和平的渴望。

综上所述，在新闻报道中运用修辞手法具有重要的意义与重要性。它能够提升语言表达力，增加记忆性和可读性，激发读者的情感共鸣，增强报道的说服力。记者在运用修辞手法时需要注重适度和准确性，以确保修辞的运用能够更好地传达信息，提高报道的质量和影响力。

三、如何在新闻报道中正确地使用修辞手法

新闻报道作为信息传递的重要方式，语言的准确性和表达力对于其质量和影响力至关重要。而新闻报道中出现的"标题党"现象是指为了吸引读者注意力而使用夸张、引人瞩目的标题，但标题与

内容之间存在差异，会导致公众对媒体的信任削弱，牺牲了新闻报道的准确性和可信度。那么如何规避这种现象的发生，就需要我们在新闻报道中坚持新闻修辞的基本原则。

（一）"标题党"现象对新闻修辞原则的背离

新闻报道是传递信息、引导舆论和反映社会现象的重要途径。然而，随着媒体竞争的激烈化，一种现象被广泛提及，那就是"标题党"。这种现象指的是以夸张、引人注意的方式来吸引读者，但标题与内容之间存在差异。

"标题党"现象容易误导读者。通过使用夸张的措辞和引人注意的方式，标题吸引了读者的眼球，但当读者阅读内容时却发现与标题描述存在差异。这种误导导致读者对报道的理解产生偏差，影响他们对新闻事件的正确判断和认识。举例来说，一个标题声称"惊天大爆炸"！但内容实际上只是一次普通的火灾事故。这种夸大的标题误导了读者，让他们期望看到令人震惊的事件，但最终只得到了平凡无奇的新闻报道。这样的误导会削弱新闻报道的可信度和公信力。

当读者发现标题与内容不符时，他们会对新闻媒体产生怀疑，认为媒体在追求点击率和轰动效应的同时牺牲了新闻报道的准确性和可信度。这种质疑会对媒体形象产生负面影响，并进一步削弱公众对媒体的信任。新闻报道的可信度是其存在的基础，读者需要相信媒体所传递的信息是真实可靠的。然而，"标题党"现象的出现让读者开始对新闻的真实性产生怀疑，怀疑媒体是否只是为了吸引眼球而不择手段。这种质疑将对整个新闻行业的声誉造成伤害。

"标题党"现象的存在不仅对具体报道产生负面影响，还会影响整个新闻行业的声誉。当读者对媒体的不信任感波及其他新闻机构时，会给整个行业带来负面影响。公众对于媒体的不信任感会导致对新闻报道的忽视和怀疑，限制了新闻行业的发展和社会影响力。为了维护新闻行业的形象和信誉，媒体需要重视准确性、客观性和可信度，避免使用夸张、误导性的标题，以树立起可靠的新闻形象。

"标题党"现象在新闻报道中产生了负面影响，误导了读者，削弱了新闻报道的可信度，并损害了整个新闻行业的声誉。为了避免这种负面影响，记者应确保标题与内容的一致性和准确性，遵循新闻的基本原则，包括准确性、客观性和可信度。只有通过坚守职业道德和提供可信的新闻报道，媒体才能赢得读者的信任和支持，维护新闻行业的声誉和价值。

（二）新闻修辞的基本原则

在新闻报道中正确地使用修辞手法对于确保报道的准确性、客观性和可信度至关重要。

准确性和可信度。新闻报道的首要原则是准确传递事实信息，因此在使用修辞手法时应确保所表达的信息与事实相符，避免夸大、虚构或歪曲。例：正确使用修辞手法："根据最新的统计数据显示，失业率在过去一年内下降了 10%。"

客观中立。新闻报道应该保持客观中立的态度，不偏袒任何一方，避免个人立场和偏见的表达。修辞手法应服务于报道的客观性，而非用于渲染个人情感。例：客观中立的修辞表达："政府发表声明，呼吁各方保持克制，寻求和平解决争端。"

适度与恰当性。修辞手法应根据报道的主题和目的进行适度运用，不应过度修饰或夸张。保持修辞手法与事实的相符性，以确保报道的真实性和可信度。例：适度运用的修辞手法："这项新技术将在未来几年内逐渐应用于各行各业，为经济发展带来重大变革。"

文体风格一致性。修辞手法的运用应与新闻报道的整体风格和语言风格保持一致，避免过分张扬和突兀。修辞手法应以自然、流畅的方式融入报道中，而非成为炫技或突兀的元素。例：一致的文体风格："这项研究成果令人瞩目，展示了科学家们在环境保护领域的努力和成就。"

通过遵循这些原则，记者可以在新闻报道中正确地运用修辞手法，增强报道的表达力和吸引力，同时保持准确性、客观性和可信度。修辞手法应作为一种辅助工具，用于更好地传递信息和引发读者的兴趣，而不应成为夸大事实或歪曲真相的手段。记者应谨慎运用修辞手法，以确保新闻报道的质量和专业性。

四、修辞手法的应用及其效果

这些语言修辞手法在新闻报道中的运用确实可以使报道更富有表现力和感染力，从而增加读者的阅读体验和情感共鸣。下面将详细介绍这些修辞手法的应用及其效果：

（一）比喻和隐喻

比喻是通过将一个事物与另一个事物进行类比，以便更生动地描述某个概念或事件。隐喻是一种含蓄的比喻，通过暗示或暗示性的语言来传达信息。这些修辞手法可以使新闻报道更具形象感和感知力。

比喻和隐喻可以将抽象的概念转化为具体的形象，使读者更容易理解和感受新闻事件。通过用熟悉的事物或情境来形容新闻中的概念，比如将经济增长形容为"蓬勃的花朵"或"迅猛的火箭"，可以使读者更直观地感受到经济的活力和增长的速度。

例如：原句：经济复苏慢。

运用比喻：经济复苏，跬跬前行。

原句：他是一位领导者。

运用隐喻：他是这支团队的灵魂，如同一颗明亮的北极星指引着我们前进。

通过比喻和隐喻，原本简单的描述变得更具形象感和感知力，增强了读者对新闻事件的理解和共鸣。

（二）排比和对偶

排比是将一系列词语、短语或句子以相似的结构进行排列，以增加语言的节奏感和表现力。对偶是通过对称的结构和相似的语言表达方式来传递信息。

排比和对偶的修辞手法可以增加语言的节奏感和鲜明度，使新闻报道更具吸引力。通过使用一系列相似的词语或短语排列在一起，或将相对的概念进行对比，可以给读者一种律动感和强烈的冲击力。这样的表达方式有助于增强读者对新闻的记忆和共鸣。

例如：原句：我们用勇气、智慧和决心来面对挑战。

运用排比：我们需要勇气迎接挑战，智慧解决问题，决心战胜困难。

原句：她是一位好演员，还是一位好导演。

运用对偶：她不仅是一位优秀的演员，更是一位杰出的导演。

（三）反问和修辞问答

反问是用问句表达陈述或命题，用来引发读者的思考。修辞问答是一种修辞手法，通过提出问题并立即回答来强调某个观点或论点。

反问和修辞问答可以增加报道的表现力和说服力，通过提出疑问或进行问答式的表达，可以引导读者思考新闻事件的深层含义或提出问题，从而更好地引起读者的关注和参与。

例如：原句：我们不能忽视环境问题。

运用反问：难道我们能够继续忽视环境问题吗？

原句：这个政策能解决经济问题吗？

运用修辞问答：这个政策能够解决经济问题吗？答案是肯定的，它为我们带来了经济的稳定增长。

（四）倒装和修辞句

倒装是改变语句的正常语序，将谓语动词放在主语之前。修辞句则是通过使用修辞手法，使句子具有修辞效果，如对比、夸张、反转等。

倒装和修辞句通过改变语句的结构，增加语言的艺术性和吸引力。倒装句将谓语动词放在主语之后，可以使语句更加突出和引人注目。修辞句则通过使用修辞手法来增强表达的效果，比如使用夸张、反转、悬念等手法，以吸引读者的注意力和兴趣。

例如：原句：我们面临着一场前所未有的变革。

运用倒装：早已经不是过去的岁月，我们正面临着一场前所未有的变革。

原句：他赢了这场胜利。

运用修辞句：这场比赛，他不仅仅是赢了一场胜利，更是战胜了自己的困难和不信任。

这些修辞手法的运用使新闻报道更具艺术性和表现力，能够吸引读者的注意力，增加报道的阅读体验和情感共鸣。然而，记者在运用这些修辞手法时需要注意适度和恰当性，以避免过度修辞和言过其实。修辞手法的目的是更好地传达信息和吸引读者，同时仍然要保持报道的准确性、客观性和可信度。只有在适当的情况下运用这些修辞手法，才能使新闻报道更具说服力和感染力。

第五章　新闻写作的道德规范

第一节　新闻写作的道德标准

一、真实准确

新闻写作的首要道德标准是保持真实准确。记者在报道新闻事件时，应当确保所报道的事实和信息真实可信，不得虚构、歪曲或夸大事实。以下是详细介绍该道德标准的内容。

（一）多方核实

记者在报道新闻时，应当通过多方核实来确保信息的真实性。他们应当采取多种渠道和方法，与相关人士、目击者、权威机构等进行沟通和交流，收集更多的信息和证据。通过多方核实，可以避免单一信息来源的偏差和误导，提高新闻报道的准确性。

　　记者应当努力寻求多个可靠的信息来源。他们可以与多个目击者、相关当事人、专家学者以及相关机构进行交流和采访，以获取不同角度和立场的信息。这样可以减少单一信息来源的偏差和个体观点的影响，增加新闻报道的准确性和全面性。

　　记者在采集信息时应当对比不同来源的信息，并进行核实。他们可以通过与不同目击者的陈述相互对比，检查各种资料和证据的一致性，以判断信息的可信度和准确性。如果存在不一致或疑点，记者应当进一步追踪调查，寻找更多证据来支持或确认事实。

　　记者在报道涉及专业领域或具有权威性的信息时，应当寻求专家学者或权威机构的意见和观点。他们可以联系相关的专家学者或权威机构，听取他们的解读和分析，以确保报道的准确性和可信度。

　　在进行多方核实时，记者应当尊重消息来源的隐私权和个人权益。他们应当遵守保密协议，并确保消息来源的匿名性，以鼓励更多的人提供信息，同时保护他们的安全和利益。

　　通过多方核实，记者可以获得更全面、准确和可信的信息，避免单一信息来源的偏差和误导。这样的做法可以提高新闻报道的准确性和可信度，确保读者获得真实的信息。记者应当时刻铭记多方核实的重要性，并将其作为报道的基本原则之一。

　　举例：某地发生了一起火灾，记者在报道时只依赖于一名目击者的口述，未进行其他证实。后来，经调查发现该目击者的陈述存在疑点，实际情况与报道有所出入。这样的报道将丧失真实性和可信度，误导读者对事件的理解。

（二）准确的报道过程

记者在报道新闻时应当保持准确的报道过程。他们应当搜集充分的证据和资料，进行详细的采访和调查，并在报道中准确记录相关细节和信息。记者应当尽可能避免主观臆断和个人偏见的介入，以客观准确的态度呈现新闻事实。

记者在报道之前应当搜集充分的证据和资料，包括文件、照片、视频、采访记录等。他们可以通过调查、观察、采访等方式获取相关的信息，确保报道的准确性和可信度。

记者应当进行详细的采访和调查工作，与相关当事人、目击者、专家学者等进行沟通和交流。他们应当提出准确、明确的问题，听取各方的陈述和观点，以获取全面的信息。

在报道中准确记录相关的细节和信息。他们应当注意时间、地点、人物等细节的准确描述，避免遗漏或错误的信息。记者可以使用录音、摄影等工具来辅助记录，确保信息的准确性和完整性。

记者应当尽可能避免主观臆断和个人偏见的介入。他们应当以客观准确的态度呈现新闻事实，避免对事实进行歪曲或加以个人评价。记者应当尊重读者的判断能力，提供准确的信息，让读者自行形成观点和判断。

记者的准确报道过程是确保新闻真实性和可信度的基础。他们应当尽职尽责地搜集证据和资料，进行详细的采访和调查，准确记录细节和信息，并避免主观臆断和个人偏见的介入。这样的做法可以增强新闻报道的准确性和可信度，保证读者获得真实的信息。记者应当时刻牢记准确报道的重要性，并将其作为自己的职业操守。

举例：一名记者在报道一起犯罪案件时，仅依靠犯罪嫌疑人的口述和陈述，未经过充分的调查和证实，将其作为真实的事实进行报道。后来，经过警方的进一步调查发现，犯罪嫌疑人的陈述不准确，实际情况与报道存在差异。这样的报道将损害读者对新闻媒体的信任和新闻报道的可靠性。

（三）及时纠正错误

新闻报道的道德标准是确保真实准确、公正客观、尊重隐私权和个人权益，以及遵守法律法规和新闻伦理准则。其中，勇于承认错误和纠正失误是新闻行业中的重要一环。本书将探讨记者在报道中遇到错误或不准确信息时的应对方式，包括勇于承认错误、公开道歉和更正、修正错误并更新报道，以及反思和改进。

勇于承认自己的错误，并意识到错误信息可能对读者和相关当事人造成的影响。他们应当保持诚实和开放的态度，愿意接受批评和指正。勇于承认错误不仅是维护新闻行业声誉的必要举措，也是对读者负责的表现。当记者在报道中出现错误或不准确的信息时，他们应当向读者公开道歉和更正。通过报纸、网站、社交媒体等渠道发布正式声明，说明错误信息的原因和纠正措施，并向受影响的读者致以诚挚的歉意。公开道歉和更正是修复受众信任的重要步骤。尽力修正错误，并确保后续报道的准确性。他们应当重新采访相关当事人，收集准确的信息，并在后续报道中进行修正和更新，以纠正错误并恢复新闻报道的可信度。这是记者维护新闻报道准确性和公信力的应有之举。从错误中吸取教训，进行反思和改进。他们应当审视报道过程中可能存在的漏洞和失误，并采取相应的措施加以改进，以避免类似错误再次发生。持续的反思和改进能够提升记者的专业素养和报道质量。

举例：一家媒体在报道一起事故事件时，错误地将涉事车辆的型号和车牌号码进行了错误的转述。在读者的指正下，媒体及时发布了更正声明，纠正了错误的信息，并向读者致以诚挚的歉意。这样的行为显示了记者对于准确性的重视和对读者权益的尊重。

保持真实准确是新闻写作道德标准中的重要内容。记者应当通过多方核实、准确的报道过程和及时纠正错误来确保新闻的真实性和可信度。只有这样，他们才能履行好向公众提供真实可靠信息的职责，维护新闻行业的声誉和信任。

二、公正客观

公正客观是新闻写作中不可或缺的道德标准。记者应当始终秉持公正客观的原则，确保新闻报道的客观性和公正性，不偏袒任何一方。

公正客观的新闻报道对于社会公众的理解和决策具有重要影响。记者的公正客观是维护新闻行业声誉和信任的关键所在。通过始终秉持公正客观的原则，记者能够提供客观准确的新闻报道，促进公众对于事实的了解，推动社会的进步和发展。

（一）保持客观公正的态度

保持客观公正的态度是新闻报道中的重要原则。记者应当始终秉持客观公正的态度，确保新闻报道的客观性和公正性，不受个人情感和偏见的影响。

记者在新闻报道中应当摒弃个人的主观意见，以客观事实为依据进行报道。他们应当尽量避免对事件和当事人进行主观评价，而是以客观的立场呈现事实，让读者自行判断和形成观点。

记者要以事实为基础进行报道，通过采访、调查和收集证据来确保报道的准确性和客观性。他们应当尽可能多地收集各方的观点和证词，并在报道中呈现多元的声音和观点，以便读者能够全面了解事件的背景和各方立场。

记者必须公正对待各种观点和立场，不偏袒任何一方。他们应当尊重各方的意见，不因个人偏见或立场而偏离事实。在采访和报道过程中，记者应当提问公正客观的问题，给予每个被采访者平等的机会进行表达。

记者要避免与广告、商业利益等产生冲突，保持独立性和客观性。他们应当在报道中坚持事实和真相，不受外部利益的干扰。记者应当与编辑和广告部门保持独立，确保新闻报道不被商业利益左右，保持对读者负责的态度。

保持客观公正的态度对于新闻报道的可信度和公信力至关重要。记者的客观公正是维护新闻行业声誉和信任的基石。通过秉持客观公正的原则，记者能够提供客观准确的新闻报道，促进公众对事实的了解，推动社会的进步和发展。只有在客观公正的基础上，新闻报道才能真正发挥其应有的作用。

（二）提供全面的报道

提供全面的报道是新闻写作中的重要要求。记者应当通过采访不同的当事人、相关专家和权威人士，收集各方意见和观点，以呈现多元的声音和观点。

记者需要积极寻找并采访各方当事人、专家和权威人士，以获得多角度的信息和观点。他们应当在采访过程中问询不同的问题，以了解不同立场和意见的背后原因，从而提供全面的报道。

记者要收集各方的观点和意见，包括不同的政治、经济、文化和社会群体。他们应当尊重各方观点，不偏袒任何一方，呈现多元的声音和观点。通过提供多个立场和观点，读者可以更全面地了解事件的复杂性和多样性。

提供事件的全面背景信息，以帮助读者更好地理解事件的来龙去脉和背景因素是记者的职责。他们可以通过深入调查和收集相关数据和证据来支持报道的全面性。同时，记者应当避免片面报道和信息不足造成的误导。

避免自身的立场偏见对报道产生影响。他们应当保持客观中立的态度，尊重各方观点，并尽量避免个人情感和偏见的介入。记者应当把重点放在报道事实和真相上，让读者自行判断和形成观点。

通过提供全面的报道，记者可以帮助读者更好地了解事件的各个方面，促进公众对事实的了解和参与，培养公民的思辨能力和独立判断力。全面报道不仅有助于读者形成全面的观点，也有助于平衡社会各方的利益和声音，促进社会的和谐与进步。

记者在提供全面报道的过程中，应当注重数据的准确性和来源的可信度，确保报道的客观性和可信度。他们还应当意识到自身的立场和偏见，并努力避免其对报道的影响。通过遵循提供全面报道的原则，记者可以发挥新闻媒体的社会责任和作用，为公众提供可靠、全面的信息，促进社会的公正与进步。

（三）避免产生冲突利益

记者应当避免与广告、商业利益等产生冲突。他们应当在报道中保持独立性和客观性，不受外部利益的影响，确保新闻报道的公正性。记者应当与编辑和广告部门保持独立，避免新闻内容被商业利益左右，保持对读者负责的态度。修正错误并更新报道是记者维护新闻报道准确性和公信力的重要措施。

首先，记者应当持开放和谦虚的态度，识别和承认自己可能存在的错误。他们应当对自己的报道进行仔细审查和评估，及时发现和纠正可能存在的错误。

其次，记者应当重新采访相关当事人，尤其是那些与错误信息相关的人士。他们可以询问当事人对报道的意见和观点，以获得准确的信息和观点。这样可以帮助记者更好地了解事实，并修正可能存在的错误。

此外，记者应当收集准确的信息和证据，以确保修正后的报道准确无误。他们可以通过与权威机构、专家学者和目击者的沟通和交流，收集更多的信息和观点，避免再次出现错误。在后续报道中修正错误，并公开说明修正的原因和过程。他们可以在报道中明确指出之前的错误，并提供正确的信息和观点，以向读者展示他们的诚实和责任心。

最后，记者应当从错误中吸取教训，并进行反思和改进。他们应当审视报道过程中可能存在的漏洞和失误，并采取相应的措施加以改进，以避免类似错误再次发生。

通过修正错误并更新报道，记者能够展示出他们的诚信和专业精神，恢复读者对新闻报道的信任。这也是记者履行社会责任和维护新闻行业声誉的体现。记者应当积极主动地纠正错误，并向读者公开道歉和更正，以保持新闻报道的准确性和可信度。记者在修正错误并更新报道时，应当确保信息的准确性和来源的可靠性。他们还应当及时更新错误的内容，以便读者能够获得最新的、准确的信息。通过诚实承认错误并采取积极的改正措施，记者能够树立起可信赖的形象，并继续发挥新闻媒体的社会责任和作用。

（四）避免引入个人偏见

记者应当避免将个人偏见和立场引入新闻报道中。他们应当保持客观的距离和专业的判断，避免以个人偏见对新闻事件进行评价或歪曲事实。记者应当尽可能避免主观解读和情感渲染，让读者根据报道的事实自行判断和形成观点。避免引入个人偏见是记者在新闻报道中应当遵守的基本原则之一。

记者要保持客观的态度，以客观的眼光看待新闻事件和事实。他们应当摒弃个人情感和偏见，以事实为依据，全面、公正地呈现新闻报道。

记者要能分清事实报道和评论的界限。事实报道应当基于客观的事实和证据，呈现多个角度和观点。而评论部分则应当明确标注为个人观点，并以客观、理性的方式进行表达。

记者不能将个人情感和价值判断引入报道中。他们应当尊重不同的观点和立场，不以个人情感为依据进行报道，而是通过采访、调查和收集多元的意见，呈现全面的报道。

记者多采访不同的当事人、专家学者和权威机构，收集各方意见，呈现多元的观点和声音。通过提供多元的观点，读者可以更全面地了解事件的背景和各方立场，自主判断和形成自己的观点。

避免引入个人偏见对于新闻报道的公正性和可信度至关重要。记者应当尽力保持客观、公正的态度，避免以个人偏见对新闻事件进行评价或歪曲事实。他们应当让读者根据报道的事实自行判断和形成观点，而不是试图操纵读者的情感和立场。

通过遵守客观公正的原则，记者能够树立起可信赖的形象，并继续发挥新闻媒体在社会中的重要作用。他们的责任是提供准确、全面、客观的新闻报道，让读者获取可靠的信息，并在民主社会中做出明智的决策。公正客观的新闻报道对于社会公众的理解和决策具有重要影响，记者的公正客观是维护新闻行业声誉和信任的关键所在。通过始终秉持公正客观的原则，记者能够提供客观准确的新闻报道，促进公众对于事实的了解，推动社会的进步和发展。

三、尊重隐私权和个人权益

在新闻报道中，记者应当尊重个人的隐私权和个人权益。他们应当避免侵犯他人的隐私，尊重被报道人的意愿和尊严。在报道涉及个人隐私的内容时，应当谨慎处理，确保报道的合法性和道德性。

（一）尊重个人意愿

尊重个人意愿是新闻报道中的重要道德准则之一。记者应当尊重被报道人的意愿和选择，特别是在涉及个人隐私的报道中。以下将详细介绍记者如何尊重个人意愿，并给出具体举例加以说明。

首先，记者应当与被报道人进行沟通和交流。在进行采访和报道之前，记者应当与被报道人进行沟通，了解其意愿和态度。他们可以与被报道人面对面交谈，或通过电话、电子邮件等方式与其进行联系。通过与被报道人的沟通，记者能够更好地了解其对报道的态度和意愿。

举例：某记者接到了一起家庭悲剧的报道线索，其中涉及了一位失去孩子的母亲。记者在联系母亲时，母亲表示不希望媒体进一步报道此事，因为她希望保护自己和家人的隐私。记者应该尊重母亲的意愿，并与其进行深入沟通，了解她的顾虑和担忧。

其次，记者应当尊重被报道人的决定，不进行强制性的报道。如果被报道人明确表示不愿意透露某些私人信息或经历，记者应当尊重其决定，并避免对其进行强迫性的采访和报道。记者应当明白，尊重被报道人的意愿对维护其隐私权和个人权益至关重要。

举例：在上述家庭悲剧的报道中，如果母亲坚持不愿意进一步披露个人信息，记者应当尊重其决定，不进行强制性的采访和报道。记者应该与母亲进行深入的沟通，解释新闻报道的意义和目的，并尊重其对隐私保护的需求。

记者尊重个人意愿的做法不仅体现了对被报道人的尊重和关怀，也有助于建立记者与被报道人之间的信任关系。通过与被报道人的沟通和理解，记者能够更好地把握报道的边界，避免侵犯其隐私权和个人权益。尊重个人意愿的实践不仅符合新闻伦理和道德规范，也有助于提升新闻报道的质量和可信度。记者应当始终将尊重个人意愿作为一项重要的职业操守，并以此为指导，在新闻报道中保持专业、敬业和负责任的态度。

（二）谨慎处理敏感信息

谨慎处理敏感信息是新闻报道中尊重隐私权和个人权益的重要方面。记者在报道涉及个人隐私的内容时，应当谨慎处理，避免不必要的揭露和曝光。以下将详细介绍记者在处理敏感信息时应采取的措施，并给出具体举例加以说明。

首先，记者应当权衡公众利益和个人权益之间的平衡。在报道敏感信息之前，记者应当深思熟虑，考虑到公众对该信息的知情权和知识需求，同时也要充分尊重当事人的隐私权和个人权益。记者需要认识到，公众的知情权并不意味着可以无限制地揭露他人的私生活和敏感信息。

举例：某记者在报道一位著名艺人的婚姻破裂事件时，得知了关于双方隐私的一些敏感信息，包括婚姻纠纷的细节和个人情感。尽管这些信息可能具有新闻价值，但记者应当慎重考虑，避免不必要的曝光。记者可以通过与当事人进行深入的采访和交流，了解他们的意愿和底线，尊重他们对隐私的保护需求。

其次，记者应当遵守相关法律法规和新闻伦理准则。他们应当了解国家和地区的隐私保护法律，遵守新闻行业的伦理准则。记者应当避免违反隐私保护法律，不以揭示个人隐私为目的进行报道。他们应当以合法、道德的方式获取信息，并在报道中进行合理的遮蔽和保护。

举例：在上述艺人婚姻破裂事件的报道中，记者应当遵守相关的法律法规和新闻伦理准则，不揭露涉及个人隐私的敏感信息，避免侵犯当事人的隐私权和个人权益。记者可以选择聚焦于事件的影响和社会议题，而非个人隐私。

记者在处理敏感信息时需要审慎行事，充分权衡公众利益和个人权益。他们应当意识到隐私权的重要性，并尽力避免不必要的揭露和曝光。通过谨慎处理敏感信息，记者能够在报道中维护隐私权和个人权益，提升新闻报道的合法性和道德性。记者应当始终将尊重隐私权和个人权益作为一项重要的职业操守，并以此为指导，在新闻报道中展现专业、责任和道德的态度。

（三）匿名保护

匿名保护是在报道涉及敏感信息的情况下，记者应当采取的一种重要措施。通过提供匿名保护，记者能够有效地保护被报道人的身份和隐私，避免进一步侵犯其权益。以下将详细介绍记者在匿名保护方面的应对措施，并给出具体举例加以说明。

首先，记者可以使用化名来保护受访者的身份。在报道涉及敏感信息的情况下，记者可以与受访者商讨，使用一个与其真实身份不相关的化名进行报道。这样可以有效地隐藏受访者的真实身份，避免其个人信息被公开披露。

举例：某记者报道了一位受害者的故事，该受害者经历了严重的虐待。为了保护受害者的隐私和个人权益，记者与受害者商议，并决定使用一个化名，如"小明"，来替代其真实姓名。这样，读者能够理解受害者的故事，同时又不会直接暴露其真实身份。

其次，记者可以对受访者进行模糊处理。在报道中，记者可以模糊或略去与受访者相关的个人信息，如年龄、职业、居住地等。通过这种方式，记者能够降低受访者被识别的可能性，保护其个人隐私和权益。

举例：在报道中，记者可以模糊描述受访者的个人信息，如"一位三十多岁的居民"或"一位从事教育行业的专业人士"。这样，读者能够了解受访者的背景和经历，但无法准确揭示其真实身份。

记者在匿名保护方面应当审慎行事，确保受访者的身份和隐私得到妥善保护。他们应当与受访者进行充分沟通和协商，确保其对匿名保护措施的理解和同意。通过使用化名和模糊处理等手段，记者能够在报道中提供敏感信息，同时保护受访者的身份和隐私。这种匿名保护的做法体现了记者对个人权益的尊重和关注，同时也有助于维护新闻行业的声誉和可信度。

记者应当明确意识到个人隐私权和个人权益的重要性，在涉及个人隐私的报道中，记者应当慎重处理，并避免不必要的曝光和揭露，尊重被报道人的隐私和尊严，避免对其造成不必要的伤害和侵犯。他们应当在报道中谨慎处理涉及个人隐私的信息，并通过与被报道人的合作和沟通，确保获得合法授权和明确同意。如果受访者感到自己的隐私得到尊重和保护，他们更有可能与记者进行坦诚的交流和合作。通过尊重隐私权和个人权益，记者能够维护新闻报道的道德性和可信度，建立起与被报道人的互信关系，为公众提供负责任和可靠的新闻信息。当读者看到记者在报道中尊重个人权益和隐私，并通过匿名保护等方式保护被报道人的身份，他们会认为这些报道是经过慎重考虑和道德行事的，记者能够在报道中传递出一种关爱和尊重的信息，这有助于维护社会的和谐与公正，构建良好的社会关系。

四、遵守法律法规和新闻伦理准则

（一）遵守国家法律法规

记者在新闻写作过程中必须遵守所在国家或地区的法律法规。他们应当了解相关法律，尤其是与新闻报道相关的法规，包括新闻自由、言论自由、名誉权、隐私权等方面的法律。遵守国家法律法规是记者在新闻写作中的重要义务。记者必须了解所在国家或地区的法律法规，并严格遵守，以确保自身行为的合法性，避免进行诽谤、侵犯隐私、泄露国家机密等违法行为。

首先，遵守国家法律法规对个人有着直接的影响。记者在报道中应当避免进行诽谤、侵犯隐私、侵犯名誉权等违法行为。这些行为不仅会导致法律纠纷和法律责任，还会对被报道人的个人权益产生严重影响，破坏其声誉和隐私。记者应当通过合法的手段获取信息，确保报道的真实性和合法性。

其次，遵守国家法律法规对社会具有重要意义。记者作为舆论的引导者和监督者，其报道对社会产生广泛影响。遵守法律法规可以避免传播错误信息、煽动仇恨、扰乱社会秩序等不良后果的发生。通过合法的报道行为，记者能够为社会提供准确、客观、公正的信息，促进社会的稳定和发展。

此外，遵守国家法律法规对国家具有重要保障作用。国家法律法规旨在维护国家的安全、稳定和利益，保护国家机密和关键信息的安全。记者在报道中应当尊重国家安全利益，避免泄露国家机密，不进行违法活动。通过遵守法律法规，记者能够为国家的发展和形象做出积极贡献。

综上所述，记者在新闻写作中必须遵守国家法律法规，这对个人、社会和国家都具有重要影响。记者应当深入了解相关法律法规，遵守法律红线，以合法、合规的方式开展新闻报道。只有这样，记者的行为才能得到社会认可，新闻报道才能发挥其应有的价值和作用。

举例：在某国家的法律中，涉及国家安全的信息是受到严格保护的。记者在报道相关内容时，应当遵守相关法律，避免泄露国家安全机密，以免触犯法律。

（二）遵守新闻伦理准则

记者在新闻写作过程中，不仅要遵守法律法规，还要遵守新闻行业的伦理准则，以确保新闻报道的合法性和道德性。在遵守伦理准则方面，记者需要关注以下几个方面：

首先，记者应当保护新闻来源的隐私，不得公开披露其身份或泄露其个人信息。记者与消息来源之间应建立互信关系，并尊重其要求的匿名或保密。这样做可以确保消息来源的安全和信任，进而促进新闻报道的可靠性和真实性。

其次，记者应当尊重社会道德和职业操守，不得进行虚假报道、捏造事实或误导读者。记者在进行新闻报道时应坚持真实、客观、公正的原则，尊重事实真相，避免个人立场和偏见的介入。这样才能保证新闻报道的可信度和公信力，为读者提供准确和可靠的信息。

此外，记者应当避免与报道对象存在利益冲突，以确保报道的独立性和客观性。记者不得接受贿赂、礼物或其他非法利益，不得将个人利益置于报道之上。只有保持独立和公正的立场，才能保证新闻报道的公正性和公信力，以服务于公众的利益。

遵守新闻伦理准则对记者而言是一项重要的职业责任和义务。这样做有助于维护新闻报道的合法性、道德性和可信度，确保新闻对社会的正面影响。记者应时刻保持对伦理准则的敬畏和遵守，不断提升自身的法律和伦理意识，以公众利益和社会公正为导向，在新闻写作中恪守法律和伦理底线。只有这样，记者的报道才能获得社会的认可和信任，发挥其在信息传递和舆论监督方面的重要作用。

记者在进行新闻写作时，应当时刻牢记这些标准，始终以真实准确、公正客观、尊重隐私权和个人权益、遵守法律法规和新闻伦理准则为原则，为读者提供高质量的新闻信息。

第二节　新闻报道中的伦理问题

一、新闻伦理的基本概念

新闻伦理是由许多影响因素塑造出的一个概念，包括社会、政治、经济、科技和文化等多元因素。新闻伦理的生成和发展经历了一个漫长且复杂的过程，以下就是其中的部分关键阶段。

首先，我们要追溯到印刷术的发明和新闻业的诞生。在那个时期，新闻开始以口头和书面的形式流传。据统计，15 世纪中叶，约翰·古腾堡在德国发明了活字印刷术，这是新闻业的源头。然而，在这个阶段，新闻的发布主要依赖于口耳传播和书面记录，没有固定的新闻发布机构，信息来源也主要是政府或者教会等权威机构，对新闻的传播没有严格的规范和标准，新闻伦理在此阶段还没有引起广泛的关注。

然后，随着工业化的进程，报纸开始大规模流通，新闻业也开始商业化运营。据历史记录，到了 19 世纪，随着工业革命的推进，报纸的发行量迅速增加，新闻业开始以商业的形式运营。然而，新闻的公众责任和对社会的影响也开始受到人们的关注。例如，1851 年美国纽约时报创办，强调新闻的公正性，让新闻真实、公正、准确的价值开始崭露头角。这种关注在一定程度上促使了新闻伦理的初步形成。

进入 20 世纪，新闻业经历了从传统媒体到新媒体的转变，伴随着科技的发展，新闻传播的方式和速度都发生了巨大的变化。根据历史数据，到了 20 世纪 60 年代，电视新闻开始盛行，70 年代后，互联网的诞生和发展更是为新闻传播提供了新的平台。这个阶段，新闻伦理的重要性被进一步强调，许多学者和实践者都开始探讨新闻伦理的理论和实践。

到了 21 世纪，互联网和数字技术的发展更是为新闻伦理带来新的挑战。数据显示，2000 年，全球互联网用户数量仅为 3.67 亿，而到了 2020 年，这一数字已经增长到 59.43 亿。在这个阶段，新闻的生产、传播和消费方式都发生了深刻的变化，新闻伦理面临着如何处理隐私问题、信息安全、网络欺诈等新的挑战，同时也引发了新的伦理讨论和规范的出台。例如，2018 年，面对社交媒体泛滥的假新闻问题，新闻业开始探讨如何制定新的伦理规范以确保新闻的真实性和准确性。

新闻伦理的形成是一个不断适应社会变迁和技术发展的过程，它的目标是在维护新闻自由的同时，保护公众的权益，促进社会的公正和公平。随着新技术的发展和社会的进步，新闻伦理的发展仍在继续，我们有理由相信，在未来，新闻伦理会不断完善和发展，为新闻业的健康发展提供更好的指引和规范。

二、新闻报道中的常见伦理问题

在新闻报道的世界里，道德和伦理问题常常浮现出水面，对记者和编辑提出了严峻的挑战。新闻类型的不同，使得这些问题呈现出独有的特征。今天，我们就以灾难类和犯罪类新闻报道为例，谈谈注意到的道德伦理问题。

在灾难类新闻报道中，灾难的突发性、严重性和广泛性使得新闻报道面临伦理压力。记者往往需要在第一时间对灾难进行报道，同时保障受灾者的隐私权和人格尊严。根据世界新闻出版协会 2023 年的数据，全球每年约有 4000 起灾难类新闻报道引发了伦理争议。例如，在报道地震、洪水等自然灾害时，新闻机构需要权衡传播必要信息和保护受害者隐私的需求。报道中过于直接或者生动的描绘，可能会引起公众的恐慌，而对于受灾者的过度曝光，也可能导致他们的二次伤害。因此，在报道灾难新闻时，应尽可能地尊重受害者的隐私，而不是出于获取更高的点击率或观看率而无视他们的感受。

同样地，在犯罪类新闻报道中，记者也需要面对伦理挑战。根据联合国教科文组织 2022 年的报告，近半数的新闻机构曾因犯罪报道而面临道德伦理问题。比如，新闻报道是否应当公布犯罪嫌疑人的详细信息？犯罪嫌疑人是否有权保持沉默？记者应如何处理未经证实的指控和流言蜚语？如何在报道真相的同时，尊重受害者、犯罪嫌疑人以及其家人的权利？这些都是犯罪新闻报道需要面对的伦理问题。理想的做法应当是在保证公众有权了解事件的真相的同时，保护涉事者的隐私权和人格尊严。

在提高新闻报道水平的过程中，我们不能忽视这些道德伦理问题。新闻机构和记者应该接受专业的道德伦理训练，建立和完善伦理准则，以更好地平衡报道的公众责任和涉事者的权利。新闻报道不仅仅是传递信息，更是在塑造公众的观念和价值观，因此它既有信息的功能，也有教育的功能。在报道中遵循道德伦理规范，不仅可以提高新闻的质量和公众的信任度，也有利于建立更加公正、公平、公开的新闻环境。

以往的经验和教训都告诉我们，忽视道德伦理问题，只会导致新闻的失真和公众的失望。我们在追求新闻报道水平的提高时，必须坚持新闻道德和伦理的原则。

总的来说，无论是灾难类还是犯罪类新闻报道，道德伦理问题都是我们不能回避的挑战。我们需要根据不同类型的新闻，处理好公众的知情权、受害者的隐私权、犯罪嫌疑人的权利等伦理问题。只有这样，我们才能在提高新闻报道水平的同时，赢得公众的信任和尊重，为社会的发展做出更大的贡献。

三、避免新闻报道中伦理问题的方法

（一）隐私保护和公众利益的平衡

在新闻报道中，记者常常需要在隐私保护和公众利益之间寻找平衡点。一方面，个人拥有隐私权，应当受到尊重和保护；另一方面，公众对于重要信息的知情权和监督权也应得到满足。记者在处理这种平衡时，应当综合考虑以下几个方面。

首先，记者应当明确新闻事件的公共性质。若某事件具有重要的公众利益和社会影响，例如环境污染、社会安全、公共卫生等，那么公众对于相关信息的了解是必要的。在这种情况下，记者有责任履行信息传递的使命，确保公众能够获取必要的信息，行使知情权和监督权。

其次，记者应当评估个人隐私的保护需求。在涉及个人隐私的报道中，记者应当审慎考虑相关信息的公开程度。他们应当遵守隐私保护的原则，避免不必要的侵犯和曝光。对于个人隐私敏感的内容，记者可以采取模糊处理、匿名化或使用化名等方式，以保护当事人的隐私权。

此外，记者还应当考虑信息的真实性和权威性。在平衡隐私保

护和公众利益时，记者应当确保报道所涉及的信息是准确可信的。他们应当进行充分的调查和核实，采集多个来源的证据，避免误导和不准确的报道。这样可以确保在满足公众知情权的同时，减少对个人隐私的侵犯。

最后，记者还应当遵守法律和伦理准则。不同国家和地区对于个人隐私和公众利益的权衡有着不同的法律规定和伦理准则。记者应当了解和遵守相关法律法规，遵循新闻行业的伦理准则，确保在报道过程中不违反法律红线，并保持职业操守。

综上所述，记者在新闻报道中面临着隐私保护和公众利益的平衡问题。他们应当审慎权衡个人隐私和公众知情权之间的关系，并采取合理的措施来保护个人隐私的同时，确保公众能够获得必要的信息。在这个过程中，记者应当遵守法律法规和伦理准则，确保报道的合法性、道德性和公信力。只有通过平衡好隐私保护和公众利益，记者才能履行好新闻传媒的职责，为社会提供准确、公正、可信的新闻信息。

（二）避免不当引导和误导

在新闻报道中，记者应当避免不当引导和误导读者。他们应该以客观、中立的态度报道事实，而不是试图操纵读者的观点或引导他们产生偏见。遵循这一原则有助于维护新闻报道的公正性和可信度。

首先，记者应当准确呈现信息。他们应该确保所报道的内容真实准确，不夸大事实或歪曲信息。记者应当进行充分的调查和核实，从多个来源收集证据，以确保报道的准确性和可靠性。同时，他们应当对所报道的事件进行全面的描述，提供充足的背景和相关细节，使读者能够获得全面的信息。

其次，记者应当避免主观评价和个人观点的介入。他们不应该在报道中加入个人偏见或主观判断，而是要坚持客观中立的原则。记者应该尊重事实，不以自己的观点左右报道，而是尽可能地呈现多种观点和声音，让读者能够独立思考和形成自己的判断。

此外，记者应当避免使用带有情感色彩的词语和表述。他们应该使用客观中立的语言，避免夸张和感情化的描述，以免误导读者或引发读者的偏见。记者应当注意选择准确、中立的词汇和句子结构，以确保报道的客观性和准确性。

最后，记者应当遵守新闻行业的伦理准则和职业道德。他们应该尊重新闻的原则和职业操守，不得为了迎合读者的偏好或满足特定利益集团的需求而进行不当引导和误导。记者应该将事实真相置于第一位，服务于公众利益，而不是为了追逐点击率或炒作话题而牺牲报道的公正性和准确性。

总之，避免不当引导和误导是记者在新闻报道中应遵循的重要原则。记者应该以客观、中立的态度报道事实，提供准确的信息，使读者能够全面了解事件，并自主思考和形成自己的观点。通过遵循这一原则，记者能够维护新闻报道的公正性和可信度，确保新闻媒体在社会中发挥其应有的作用。

（三）避免不正当竞争和勒索

在新闻报道中，记者应当遵守职业操守，避免不正当竞争和勒索行为。他们不应该利用自己的职务和影响力，对报道对象进行勒索或实施其他形式的不正当要求。遵循这一原则有助于维护新闻行业的声誉和职业形象，保持记者的公信力和专业性。

首先，记者应当坚守职业操守。他们应该在获取新闻信息和报道过程中遵循公正、公平、公开的原则。记者不应该利用职务之便谋取私利，不应该与报道对象进行不正当的交易或勒索行为。记者应该以真实客观的态度对待新闻报道，不受个人利益的干扰，不将报道对象作为牺牲品或谋取私利的工具。

其次，记者应当以正当的方式获取信息。他们应该遵守法律和道德准则，在获取信息的过程中不采取非法手段或侵犯他人权益。记者应该尊重他人的隐私和个人权利，遵守相关法律，不进行非法窃听、监视或侵入他人私人空间的行为。他们应该通过合法途径，如采访、调查和信息收集，获取所需的新闻信息。

此外，记者应当进行公正、客观的报道。他们不应该利用报道过程中获取的信息对报道对象进行勒索或施加不当压力。记者应该遵循事实真相，以客观中立的态度呈现报道，不对报道对象进行恶意诋毁、抹黑或诽谤。记者应该注重平衡报道的立场和观点，确保多方声音的表达和公正的报道。

最后，记者应该在新闻行业的伦理准则和道德规范的指引下行事。他们应该明确职业道德和职业责任，避免参与不正当竞争和勒索行为，维护新闻行业的声誉和信誉。记者应该通过持续的职业培训和自我反思，不断提升自身的职业素养和道德意识。

总之，记者在新闻报道中应当遵守职业操守，避免不正当竞争和勒索行为。他们应该以正当的方式获取信息，并以公正客观的态度进行报道。通过遵守职业道德和伦理准则，记者能够维护新闻行业的声誉和信誉，保持公信力和专业性，为社会提供真实、客观的新闻报道。

（四）尊重他人的权利和尊严

记者在新闻报道中应当始终尊重他人的权利和尊严，避免侮辱、歧视或诽谤他人。他们应该以尊重和礼貌的态度对待报道对象，尽量避免损害他人的声誉和权益。尊重他人的权利和尊严是记者的基本职业操守，对新闻行业的道德和专业性至关重要。

首先，记者应当以公正、客观的方式进行报道。他们应该坚持事实真相，以客观的态度呈现报道内容。记者不应该扭曲事实或夸大细节，以避免对报道对象造成不必要的伤害。在采访和报道中，记者应该准确呈现事实，并提供充分的证据和背景信息，使读者能够全面了解事件的真相。

其次，记者应该避免人身攻击和恶意扭曲事实。他们不应该通过侮辱、歧视或诽谤他人来达到报道的目的。记者应该坚持用事实说话，尊重他人的权利和尊严。在采访和报道中，记者应该注重言辞的准确性和尊重，避免使用冒犯性或侮辱性的语言，以维护他人的尊严。

此外，记者应该对报道对象进行适当的事前告知和事后反馈。在进行涉及个人权益的报道时，记者应该尽量与报道对象进行沟通，告知其相关报道的内容和目的，并尊重其合理的请求和意见。如果报道对象对报道内容有异议，记者应该尽可能提供事实核实的机会，并在报道中进行必要的补充和澄清。

最后，记者应该遵循新闻行业的伦理准则和道德规范。他们应该通过持续的职业培训和自我反思，不断提升自身的职业素养和道德意识。记者应该意识到自己的报道对他人可能产生的影响，并始终尊重他人的权利和尊严。

总之，记者在新闻报道中应当始终尊重他人的权利和尊严，避免侮辱、歧视或诽谤他人。他们应该以公正、客观的方式进行报道，遵循事实真相，避免人身攻击和恶意扭曲事实。通过遵循新闻行业的伦理准则和道德规范，记者能够维护新闻行业的声誉和信誉，保持公信力和专业性，为社会提供真实、客观的新闻报道。

（五）学习新闻伦理规范

学习行业规范和准则。记者应当仔细学习所在地区或国家的新闻伦理准则和行业规范，了解其中的道德要求和行为规范。这些准则通常包括真实准确、公正客观、隐私保护、避免不当引导等方面的规定。

参加专业培训和研讨会。记者可以参加新闻伦理培训课程、研讨会和工作坊，与行业专家和同行进行交流和学习。这些活动可以帮助记者深入了解新闻伦理的核心原则和实际应用。

借鉴优秀案例和经验。记者可以学习那些遵循新闻伦理规范并取得成功的报道案例，分析其优秀之处并汲取经验。这些案例可以帮助记者更好地理解新闻伦理的实践要求。

建立反思机制。记者应该建立反思机制，定期回顾自己的报道实践，检查是否存在违背新闻伦理规范的行为，并寻求改进和提升。这可以通过与同事和上级进行讨论和反思来实现。

确保道德支持和监督。记者可以积极参与行业组织和职业协会，与同行共同维护新闻行业的道德标准和职业操守。这些组织通常提供道德指导和监督机制，帮助记者遵守伦理准则并得到必要的支持和指导。

学习新闻伦理规范是记者职业发展的重要一环，它不仅能够帮助记者保持职业操守和道德标准，提升报道质量和可信度，还能够维护公众利益和社会公正。记者可以通过学习行业规范和准则、参加专业培训和研讨会、借鉴优秀案例和经验、建立反思机制以及确保道德支持和监督等方法，不断提升自己的新闻伦理素养和专业能力。只有不断地学习和实践，记者才能在新闻报道中做出准确、公正、道德的决策，为社会提供真实、客观的新闻报道。

（六）注重自我反思和提升

反思个人行为和报道是提高伦理素养的重要环节。新闻工作者应时刻关注自己的行为和报道是否符合伦理准则，是否存在偏差或不当之处。通过反思，他们可以审视自己的决策和行动是否合乎道德和职业操守，及时发现和纠正不当行为。

在反思过程中，新闻工作者可以思考以下问题：我在报道中是否偏颇或引导读者形成特定观点？我是否充分尊重报道对象的隐私权和尊严？我是否进行了准确的事实核实和多方求证？通过对自身行为和报道的反思，新闻工作者能够识别并纠正自身的伦理偏差，提高报道的准确性、客观性和公正性。

另外，学习伦理案例和经验也是提升伦理素养的有效途径。新闻工作者可以研究和了解那些成功应对伦理困境的案例，分析他们是如何平衡公共利益和个人权益、维护新闻道德和职业操守的。这些案例不仅能够帮助新闻工作者理解伦理冲突的本质，还能够提供解决问题的思路和方法。

此外，新闻工作者应保持持续学习和专业发展的心态。他们可以参加有关伦理准则和新闻伦理的培训课程、研讨会和讲座，与同行进行交流和讨论。通过与行业专家和同仁的互动，新闻工作者能够不断更新自己的伦理观念和专业知识，不断提升伦理素养和职业能力。

总之，通过反思个人行为和报道、学习伦理案例和经验以及持续学习和专业发展，新闻工作者能够提高自身的伦理素养。这样做有助于他们更好地应对伦理挑战，保持道德操守和职业操守，为社会提供真实、客观、公正的新闻报道。只有不断提升伦理素养，新闻工作者才能真正成为可信赖的信息传递者和社会责任的实践者。

第三节　新闻报道中的职业操守

一、新闻职业操守的基础理论

（一）新闻职业操守的定义和历史

新闻职业操守，通常是指新闻从业者在从事新闻工作时遵循的行为规范和准则，其目标是保障新闻报道的公正性、准确性和可信度，同时尊重被报道人或事的权益。新闻职业操守的起源可以追溯到 19 世纪，当时新闻事业的专业化和商业化开始兴起，媒体从业者意识到建立一套公认的道德标准是必要的，以维护新闻公信力和社会责任。这种职业操守的形成，实际上是新闻行业自我规范和自我约束的表现，反映了社会对新闻报道质量和公众权益保护的期待。

（二）新闻操守的重要性和作用

新闻职业操守的重要性不可忽视。首先，新闻职业操守是维护新闻公信力的关键。在信息高度爆炸的时代，公众对信息的需求和对真实、准确信息的渴望日益增强。新闻职业操守保证了新闻报道的真实性、公正性和完整性，有助于维护媒体和新闻工作者的信誉和公众信任。

其次，新闻职业操守是保障公众利益和社会稳定的重要工具。新闻报道不仅仅是信息传播，更是社会责任的体现。通过遵循新闻职业操守，新闻工作者能够在尊重个人隐私、维护社会公正、促进公众利益等方面发挥积极作用。

最后，新闻职业操守是促进新闻行业健康发展的基础。新闻操守为新闻工作者提供了行为准则，指导他们如何公正、公开、透明地进行新闻报道，避免产生偏见、误导、造假等不良行为。

（三）新闻伦理与新闻操守：相同之处与差异

新闻伦理和新闻操守都是指导新闻工作的道德规范，但二者之间有所差异。新闻伦理是对新闻工作的道德哲学思考，包括对真实、公正、公众服务等价值的理解和分析。新闻伦理关注的是大的原则和目标，是新闻行业的道德导航。

　　而新闻职业操守则更注重具体的行为规范，它将新闻伦理的原则转化为新闻工作者在实际工作中应遵循的操作规则和行为指南。比如在新闻报道中应如何避免利益冲突，如何尊重被报道者的权益，如何公正、客观地报道事件等等。

　　简单地说，新闻伦理是理论，新闻操守是实践。新闻操守是新闻伦理在实践中的具体体现和应用，两者相辅相成，共同维护新闻行业的健康发展和公众利益。

　　总的来说，新闻职业操守的基础理论是指导新闻工作的重要依据，新闻工作者需时刻牢记新闻操守的重要性，坚守新闻伦理，以确保新闻报道的公正性、准确性和公众信任。

二、新闻职业操守的基本原则

　　（一）诚实、公正与准确性：新闻报道的基础

　　诚实、公正和准确性是新闻职业操守的核心原则，新闻工作者必须始终坚守这三大原则。这些原则不仅保证了新闻信息的真实性，也维护了新闻的公信力和社会公正。

　　诚实是新闻报道的基础。新闻工作者有责任提供真实、准确的新闻信息，不能制造虚假新闻，或者故意歪曲事实。

　　公正则要求新闻工作者在报道时应尽可能保持中立，避免因个人的偏见或立场影响新闻的公正性。新闻工作者应秉持公正性原则，尽量提供多元、平衡的视角，以帮助公众从多个角度理解事件真相。

　　准确性则要求新闻工作者在报道时必须尽量确保信息的真实

性，避免误导公众。

总之，诚实、公正、准确性原则是新闻职业操守的基础。新闻工作者应始终保持对事实的尊重，避免任何形式的失实和偏见，为公众提供准确、全面、公正的新闻信息，以维护新闻的公信力和社会公正。

（二）对新闻源的保密和公正性

在新闻报道过程中，对新闻源的保密和公正性原则是至关重要的，这两个原则确保了新闻报道的公信力和新闻源的权益。

对新闻源的保密是维护新闻源权益的重要方式。新闻工作者在获取信息时，可能会涉及一些敏感信息，比如新闻源的个人隐私、职业地位，或者涉及某些法律风险的信息。在这种情况下，新闻工作者有责任保护这些信息的安全，保护新闻源的隐私，除非获取新闻源本人的明确许可，否则不应泄露这些信息。

对新闻源的公正性则要求新闻工作者在处理各种新闻源时，应避免因新闻源的身份、地位或观点的差异而产生偏见。无论新闻源出自何处，新闻工作者应对其进行公正的报道，不应因其社会地位的高低或观点的不同而改变报道的公正性。

总之，保护新闻源的保密性和公正性是新闻工作者的重要职责。只有做到这一点，新闻报道才能真实反映事件的全貌，真实传递信息，从而得到公众的信赖。同时，也可以更好地保护新闻源的权益，避免因泄露信息而导致的法律纠纷。

（三）对待新闻对象的尊重和人文关怀

对待新闻对象的尊重和人文关怀是新闻工作者在执行职责时必

须遵守的原则。这是一种对新闻报道对象，无论其身份地位、事件性质，都应给予尊重和关怀的人道主义立场。

在报道新闻事件或者人物时，新闻工作者应尊重被报道者的权益。这意味着在进行报道时，应避免对被报道对象进行不必要的刻画或贬低，尤其要避免侵犯其名誉和隐私权。

人文关怀强调在新闻报道中应保持对人的尊重和关怀，尤其是在报道犯罪、灾难等敏感事件时，新闻工作者更应有人文关怀的精神，充分考虑受害者、家属及社会公众的情感。

总之，无论报道的对象是公众人物还是普通民众，无论报道的事件是喜庆的、悲剧的，还是具有争议的，新闻工作者都应尊重其权益，展现人文关怀。这样的新闻报道才能得到公众的接纳和赞扬，而这也是新闻工作者在职业操守中需要不断追求和实践的目标。

（四）保护公众利益和社会责任

新闻工作者的职责不仅仅是传播信息，更重要的是要通过新闻报道来维护公众的利益和社会的公正。这种职责表现在两个方面：一方面是监督权力，揭示社会问题；另一方面是塑造公众舆论，维护社会稳定。

新闻工作者有责任通过他们的报道来揭示社会的问题和不公正，促进社会的公正和公平。在这个过程中，他们会经常发现和揭露那些影响公众利益的问题。

新闻工作者在报道新闻的过程中，还有责任塑造公众舆论和维护社会稳定。他们通过报道可以影响公众对于各种社会问题的理解和看法。

新闻工作者在履行这些职责时，需要时刻注意平衡各种利益，以免过度追求新闻价值而损害公众利益。总的来说，新闻工作者的社会责任是维护公众利益、揭示社会问题、监督权力，这是他们作为新闻工作者必须遵守的职业操守。

在实际的新闻报道中，新闻工作者必须时刻关注社会的动态，警惕可能影响公众利益的问题，并以公正、公平的态度进行报道。同时，他们还要明白自己在社会中的角色，承担起塑造公众舆论、维护社会稳定的重要责任。

三、特殊情况下的新闻职业操守

（一）战争报道中的新闻职业操守

战争报道是新闻工作者所面临的最具挑战性的任务之一。在战争报道中，新闻工作者不仅需要处理一系列复杂和敏感的问题，如保护自身的身体安全、处理敏感信息、避免偏见，还要公正、准确地报道战争的真相。

首先，战争记者在工作时，可能会面临身体安全的威胁。在这样的环境下，记者们需要谨慎评估风险，制定安全措施，以保护自己的生命安全。

其次，新闻工作者在报道战争时，需要处理大量的敏感信息。例如，他们可能会获得关于军事行动的详细信息，但公开这些信息可能会影响战争的进程，甚至危及人们的生命安全。因此，新闻工作者需要慎重考虑何时以及如何发布这些信息，以免给公众或者参战方带来无意的伤害。

再者，战争报道也很容易受到个人偏见的影响。例如，如果记者对一方的同情超过了对另一方的同情，可能会导致报道的不公正。因此，新闻工作者在报道战争时，需要尽量保持中立，公正、准确地报道事实。

最后，新闻工作者在报道战争时，必须保持对战争受害者的尊重。新闻工作者需要在报道战争时，尽量避免使用过于血腥或者煽动性的内容，保持对战争受害者的同情和尊重。

总的来说，战争报道是新闻工作者职业操守的重要考验。新闻工作者需要在满足公众知情权的同时，尽可能地保护受害者的尊严，避免给他们带来额外的痛苦。他们还需要公正、准确地报道战争真相，避免传播过于血腥或者煽动性的内容，以保证新闻报道的公正性、准确性和公众的信任。

（二）灾难报道中的新闻职业操守

在报道灾难事件时，新闻工作者的任务是传达准确、及时的信息，以便公众了解事件的真相，而不是制造恐慌或者传播不准确的信息。但这也是一个具有挑战性的任务，因为新闻工作者需要在提供必要信息和保护受害者尊严之间找到平衡。

首先，新闻工作者需要保持公正和准确的报道。新闻工作者在报道灾难时，应当避免过度炒作，准确、全面地报道事实。

其次，新闻工作者需要尊重灾难的受害者。新闻工作者在报道灾难时，应当尊重受害者的尊严，避免过度揭露其伤痛。

此外，新闻工作者还应考虑到他们的报道可能对公众情绪产生的影响。新闻工作者在报道灾难时，也应注意调整报道的语气和内容，尽量减轻公众的情绪困扰。

总的来说，新闻工作者在灾难报道中，既要为公众提供准确的信息，也要尽可能地保护受害者的尊严和公众的情绪稳定。他们需要以一种负责任、敬业的态度来完成这项任务，以保证新闻报道的公正性、准确性和公众信任。

（三）犯罪新闻中的新闻职业操守

新闻工作者在报道犯罪新闻时，需要遵守一系列的职业操守和伦理原则，包括尊重事实、保护隐私、避免预设立场以及尊重法律。这些原则保障了新闻报道的公正性和准确性，同时也保护了受害者、嫌疑人以及相关人员的权益。

首先，新闻工作者必须尊重事实，避免使用煽动性的语言或观点。新闻工作者在报道犯罪新闻时，应公正、全面地报道事件，避免带有偏见的语言和观点。

其次，新闻工作者应尽量保护受害者、嫌疑人以及相关人员的隐私。新闻工作者在报道犯罪新闻时，应尽量避免无关紧要的私人信息，以保护相关人员的隐私和尊严。

此外，新闻工作者还需避免在未经法律判定下预先对嫌疑人进行定罪。新闻工作者在报道犯罪新闻时，应尊重法律程序，避免预设立场。

总的来说，在报道犯罪新闻时，新闻工作者需要克服各种挑战，包括避免偏见、保护隐私、尊重法律等。他们需要在报道真相和保护公众、受害者、嫌疑人权益之间找到平衡，以保证新闻报道的公正性和准确性。

（四）政治报道中的新闻职业操守

政治报道是新闻业的核心领域之一，也是新闻工作者承担社会责任的主要方式。在政治报道中，新闻工作者需要遵守诸多职业操守和伦理原则，包括中立性、公正性、准确性、透明性以及尊重公众的信息权利。

首先，新闻工作者在政治报道中需要保持中立性，避免被任何政治立场所影响。新闻工作者需要在报道中展现各方观点，不偏袒任何一方，确保观众能从中获得全面的信息。

其次，公正性和准确性是政治报道中的关键原则。例如，对于政策的解读、政治人物的评价，甚至选民的观点，新闻工作者都需要公正、准确地进行报道，不能夸大其词，歪曲事实。错误或偏颇的信息可能会误导公众，影响他们的决策。

此外，新闻工作者需要透明、公开地报道政策制定过程，以及政策的执行情况。例如，在报道政府的预算决定或立法进程时，新闻工作者需要揭示其中的关键因素，包括决策的背景、影响、可能的结果等。

最后，新闻工作者在政治报道中，也需要尊重公众的信息需求和权利。

总的来说，政治报道中的新闻职业操守，要求新闻工作者在报道中始终坚持中立性、公正性、准确性、透明性，并尊重公众的信息权利。这些原则是保证新闻报道公信力，也是实现新闻工作者社会责任的重要保障。

四、新闻操守的挑战与对策

（一）新媒体环境下的新闻职业操守挑战

在新媒体环境下，新闻职业操守面临的挑战主要来自四个方面：速度压力、公民新闻、内容质量的下降以及公众对新闻的信任度。

首先，新媒体环境的信息传播速度非常快，这为新闻工作者带来了巨大的压力。他们需要在第一时间获取新闻，快速撰写和发布，以满足公众的信息需求。然而，速度压力可能会导致新闻工作者牺牲新闻的准确性。

其次，新媒体环境下的"公民新闻"现象也对新闻职业操守带来了挑战。在社交媒体等平台上，公众可以自由发布新闻和信息，这在一定程度上瓦解了专业新闻机构的信息垄断地位，但也增加了错误信息和偏见信息的传播风险。

再次，新媒体环境可能导致新闻内容质量的下降。为了吸引点击和分享，一些新闻工作者可能会采用耸人听闻的标题和内容，甚至制造假新闻。

最后，新媒体环境也对公众对新闻的信任度造成了影响。由于错误信息和假新闻的泛滥，公众对新闻的信任度在近年来不断下降。

面对新媒体环境下的挑战，新闻工作者需要加强对新闻的审核和核实，维护新闻的公正性和准确性。他们需要关注公民新闻的发展，提高新闻的质量，建立公众的信任。新闻机构应建立健全的新闻核实制度，提供新闻伦理教育和培训，以保证新闻的质量和公信力。

（二）商业压力与新闻操守的冲突

商业压力对新闻操守的影响可以从以下四个方面进行阐述：炒作和渲染，偏向性报道，忽略公益性新闻，以及过度追求眼球经济。

首先，为了吸引观众和广告商，一些媒体可能会过度炒作和渲染新闻。这种现象在娱乐新闻中尤为突出。这种做法虽然可能会提高媒体的短期收益，但是却侵犯了新闻的公正性和准确性，甚至可能损害到被报道者的名誉权和隐私权。

其次，商业压力可能导致媒体偏向性地报道新闻。为了迎合广告商或者特定观众群体的利益，一些媒体可能会选择性地报道新闻，或者对新闻事件进行倾向性解读。这种做法违反了新闻公正性的原则，同时也损害了公众的知情权。

再次，商业压力可能导致媒体忽略公益性新闻。因为这类新闻通常无法吸引大量观众，也不易吸引广告商，因此一些媒体可能会选择减少或者不报道这类新闻。这种做法不仅违反了新闻公益性的原则，同时也损害了公众的信息权利。

最后，媒体的过度追求眼球经济可能会对新闻操守构成挑战。为了吸引点击，一些媒体可能会制造耸人听闻的标题，或者过度使用悬念、冲突等新闻元素。这种做法可能会引导公众过度关注表面现象，而忽视新闻背后的深层次问题。

面对商业压力，新闻工作者和媒体需要坚持新闻的公众服务性质，抵制过度商业化的压力。他们需要通过建立新闻质量监控机制，提升新闻伦理教育，以及加强公众对新闻操守的了解等方式，来保护和维护新闻操守。

（三）假新闻、谣言与新闻操守

假新闻和谣言已经成为新闻业的一个全球性挑战。近年来，随着社交媒体和数字技术的快速发展，假新闻和谣言在网络上的传播速度和范围都大大增加，给公众信息环境带来了严重的污染。

首先，我们需要明确假新闻和谣言的定义和特点。假新闻通常指那些制造和传播的新闻或者报道，其内容无事实依据，或者与事实严重不符。谣言则指的是那些未经证实的信息，通常带有引人注目的标题和夸大的内容，目的是引发公众的恐慌和不安。假新闻和谣言的共同特点是它们都是对真实性的严重侵犯，都有可能误导公众，破坏公众的信任和社会的稳定。

假新闻和谣言的危害是多方面的。首先，它们会混淆视听，误导公众，破坏公众对真实信息的认知。比如，假新闻可能会误导公众对重大事件的理解，从而影响公众的判断和行为。谣言则可能引发公众的恐慌和不安，导致社会的动荡和混乱。其次，假新闻和谣言会破坏新闻媒体的公信力。一旦媒体被发现散播假新闻或者谣言，它的公信力就会大打折扣，从而影响其在公众中的影响力和权威性。

面对假新闻和谣言的挑战，新闻工作者和媒体机构需要采取有效的策略和措施。首先，他们需要加强新闻的核实。对于所有的新闻和报道，都需要进行严格的事实核查，确保其真实性和准确性。

其次，他们需要对可疑的信息进行严格的审查。对于来自不明来源或者内容可疑的信息，需要进行深入的调查和核查，避免其传播和扩散。最后，他们需要建立有效的辟谣机制。一旦发现假新闻或者谣言，需要立即进行辟谣，以避免其进一步的传播。

第六章　新闻报道的多媒体表现形式

第一节　多媒体时代的新闻报道

一、多媒体时代的背景与发展

多媒体时代的背景是信息技术的飞速发展和数字化媒体的兴起。随着互联网的普及和移动设备的广泛应用，人们获取信息的方式发生了巨大的变化。传统的纸媒报道已经不能满足现代读者对新闻内容的需求，他们希望能够以更加多元化、立体化的方式获取新闻信息。因此，多媒体报道应运而生。

互联网的普及和社交媒体的兴起为多媒体报道提供了广阔的平台。通过互联网，新闻机构可以实时发布各种形式的报道，而读者也可以随时随地获取新闻信息。社交媒体的兴起更进一步推动了多媒体报道的发展，人们可以通过社交媒体分享和传播新闻内容，实现更广泛的信息传播。

数字化媒体技术的发展也是多媒体报道兴起的重要原因。随着技术的进步，图像、视频和音频的处理和传输变得更加高效和便捷。现代的摄像设备和录音设备具备了更高的画质和音质，可以更好地捕捉现场的细节和真实感。同时，计算机和软件的发展使得图像和视频的处理和编辑更加方便和灵活，使多媒体报道的制作成本和周期大大缩短。

多媒体报道的发展也受到读者需求的推动。现代读者对新闻内容的需求已经从单一的文字报道转变为对多元化、立体化内容的追求。他们希望通过图像、视频和音频等形式更加直观地了解新闻事件，获得更全面、多角度的报道。多媒体报道能够满足读者对丰富、生动信息的需求，提供更好的观感体验。

根据数据和研究显示，多媒体报道在新闻行业中的地位越来越重要。根据一项调查，超过80%的受访者表示，他们更喜欢通过图像和视频了解新闻事件，而不仅仅是通过纯文字报道。另外，多媒体报道在社交媒体上的传播效果也更好，图像和视频内容更容易吸引读者的注意和分享。这些数据表明多媒体报道已经成为新闻报道的重要组成部分，也是吸引读者和保持竞争力的关键因素。

在多媒体时代，新闻机构和从业人员必须适应这一变化的趋势，发展多媒体报道的能力。他们需要加强技术培训，掌握图像和视频制作、编辑和传播的技巧。同时，他们还应该积极探索新的报道形式和媒体平台，提供更加丰富和多样化的内容。只有与时俱进，适应多媒体时代的要求，新闻机构和从业人员才能在激烈的竞争中脱颖而出，并满足读者对新闻报道的多元化需求。

综上所述，多媒体时代的背景是信息技术的飞速发展和数字化媒体的兴起。互联网和社交媒体的普及，数字化媒体技术的进步以及读者对多元化、立体化内容的需求推动了多媒体报道的发展。多媒体报道在新闻行业中扮演着越来越重要的角色，通过图像、视频、音频等形式提供更加丰富和生动的新闻信息。新闻机构和从业人员需要适应这一变化，发展多媒体报道的能力，以满足读者的需求并保持竞争力。

二、多媒体报道的意义与优势

多媒体报道在新闻行业中具有重要的意义和优势。它不仅通过图像、视频和音频等多种形式呈现信息，而且能够提供更丰富、生动和多元化的新闻内容。以下是多媒体报道的意义和优势的详细介绍：

多媒体报道能够通过图像、视频和音频等形式为读者呈现直观、生动的视听内容，使读者更好地理解和记忆新闻信息。与传统的文字报道相比，多媒体报道能够激发读者的兴趣和参与，提高信息的传播效果。根据研究，图像和视频在吸引读者的注意力和保持其阅读时间方面具有显著优势。

多媒体报道可以通过图像和视频记录的实时场景，提供更全面、多角度的新闻观点和分析。图像和视频能够直观地展示事件的发展过程、现场情况和参与者的表情和动作，使读者能够更深入地了解事件的背景和实质。通过多媒体报道，读者可以获得更多的信息和视觉印象，从而更好地理解新闻事件的复杂性和多样性。

多媒体报道能够打破地域和语言的限制，实现全球范围内的信息传播和交流。通过互联网和社交媒体平台，多媒体报道可以迅速传播到世界各地，让更多的人了解和参与新闻事件。这种全球性的信息传播有助于加强不同国家和地区之间的了解与沟通，促进跨文化交流和合作。

多媒体报道能够通过直观、真实的图像和视频记录，提高新闻报道的可信度和公正性。读者可以通过自己观察和判断图像和视频的内容，形成独立的观点和意见。多媒体报道也可以避免或减少人为主观因素的介入，提供更客观、公正的信息，从而增强读者对新闻报道的信任和认可。

举例来说，当报道一场自然灾害时，多媒体报道可以通过图像和视频记录灾区的实际情况，展示灾民的困境和救援工作的进行。这种直观的呈现方式能够让读者更加深刻地了解灾情的严重性，促使社会各界关注并采取行动。

综上所述，多媒体报道在新闻行业中具有重要的意义和优势。它通过生动的视听体验、全面的报道、克服地域和语言的限制以及提高可信度和公正性等方面，满足了读者对多元化、立体化新闻内容的需求。多媒体报道的发展为新闻行业带来了巨大的创新和发展机遇，也为读者提供了更丰富、多样化的新闻体验。

三、多媒体报道的挑战与应对

多媒体报道在面临一些挑战时需要采取相应的应对策略。以下是多媒体报道可能面临的挑战以及相应的应对策略：

多媒体报道需要更多的资源和技术支持。拍摄、编辑和处理图像和视频所需的设备和软件投入较大，同时也需要记者和编辑具备相应的技术技能。解决这一挑战的策略之一是加强自身的能力，提高新闻从业人员所需的技术知识和技能。记者和编辑可以学习多媒体制作的基本技巧和工具的使用。

多媒体报道通常需要更多的时间和精力投入。与传统的文字报道相比，多媒体报道需要进行更多的采集、拍摄、剪辑等工作，因此需要合理安排时间，提高工作效率。可以优化工作流程，使记者和编辑能够专注于多媒体报道的制作。

多媒体报道涉及版权保护、隐私权保护等法律和伦理问题。从业人员需要遵守相关的法律法规和行业准则，确保报道的合法性和道德性。在图像和视频使用方面，可以与权利人进行合作或购买合法的授权，以确保遵守版权规定。在隐私权保护方面，应当谨慎处理个人信息，尊重被报道人的隐私权。从业人员提高伦理意识和道德水准也是重要的应对策略。

多媒体报道的优势之一是能够与读者产生更好的互动和反馈。然而，这也带来了一些挑战，如对读者反馈的及时处理和回应。从业人员可以建立有效的反馈渠道，鼓励读者参与评论和互动，同时及时回应读者的反馈和问题。通过积极与读者互动，从业人员可以更好地理解读者需求，改进多媒体报道的内容和形式，提供更好的新闻服务。

第二节 图像新闻的制作与运用

一、图像新闻的定义与特点

图像新闻是通过摄影、绘画等视觉媒介来传递新闻信息的一种形式。与传统的文字报道相比，图像新闻具有直观、生动、感性的特点，能够通过视觉形象更直接地引起读者的兴趣和共鸣。

首先，图像新闻的特点之一是信息传递速度快。图像可以通过简洁而直接的方式传递信息，读者能够迅速获取关键的新闻信息，理解新闻事件的发生和背景。相比于长篇文字报道，图像新闻可以更迅速地吸引读者的注意力，并在短时间内传达主要信息。

其次，图像新闻能够通过形象的表达方式更好地传递情感和故事。图像具有视觉冲击力，能够通过色彩、构图、表情等元素表达情感和故事性，使读者更深入地感受新闻事件的真实性和情感内涵。图像的生动性和感性表达能够激发读者的共鸣和关注，增强新闻报道的影响力和记忆性。

此外，图像新闻还能够突出新闻事件的重要细节。图像具有强大的表现力，能够抓住新闻事件中的关键时刻和细节，通过镜头的选取和处理，突出新闻事件的重点和特点。图像能够将复杂的事件以简洁而直观的方式展现给读者，使他们更全面地了解事件的发展和影响。

举例来说，当一起自然灾害发生时，图像新闻可以通过照片展示灾区的景象、受灾群众的表情、救援行动的场景等，使读者直观地感受到灾情的严重性和人们的困境，从而引起社会的关注和支持。又如，在体育比赛中，图像新闻可以通过捕捉运动员的精彩瞬间、球场上的紧张氛围、观众的激动情绪等，将比赛的激情和紧张感传达给读者，使其更加身临其境地感受到比赛的魅力。

有相关数据显示，图像新闻在吸引读者的注意力和提高内容传播效果方面起到了重要的作用。根据研究，相比于纯文字内容，图像新闻在社交媒体上的分享和转发率更高，阅读量和互动性也更好。这表明图像新闻具有更大的传播优势和影响力。

综上所述，图像新闻作为一种重要的新闻报道形式，具有直观、生动、感性的特点。图像新闻能够快速传递信息，通过形象的表达方式引起读者的兴趣和共鸣，并突出新闻事件的重要细节。图像新闻在传播效果和影响力方面具有独特的优势，对于提高新闻报道的质量和吸引力起到了重要作用。

二、图像新闻的采集与编辑

图像新闻的采集和编辑是确保新闻图片质量和信息传递的重要环节。摄影师和编辑需要密切合作，从采集到编辑过程中保持高水准的专业素养和创作能力。他们共同致力于选择、编辑和呈现具有新闻价值和视觉吸引力的图像。

（一）摄影技巧与角度选择

在图像新闻的采集过程中，摄影师需要掌握一定的摄影技巧和角度选择，以确保拍摄到具有新闻价值的照片。

首先，摄影师应熟悉相机的操作，掌握曝光、对焦等基本技术。这些基本技术的掌握可以帮助摄影师在不同的光线和环境条件下获得清晰、明亮的图像。摄影师应了解相机的不同设置和功能，并根据拍摄场景和需求进行相应的调整。

其次，摄影师应具备观察力和判断力。他们需要能够快速捕捉到新闻事件中的关键时刻和细节，抓住能够最好地展现事件本质的瞬间。观察力的培养需要持续的实践和经验积累，摄影师应该不断观察、分析和反思自己的作品，以提高自己的观察力和判断力。

此外，摄影师还需注意选择合适的拍摄角度。不同的角度可以呈现不同的视觉效果，能够突出新闻事件的重点和特点。摄影师可以尝试不同的角度，如俯拍、仰拍、近距离、远距离等，以找到最佳的视觉呈现方式。选择合适的角度可以使图像更具冲击力和表现力，吸引读者的注意力。

举例来说，当报道一场示威活动时，摄影师可以选择低角度拍摄，使示威者的姿态和决心更加突出；或者选择鸟瞰角度，展现整个示威队伍的规模和影响力。在体育比赛中，摄影师可以选择近距离拍摄，捕捉运动员表情的细微变化，展示比赛的激烈和紧张。不同的角度选择可以给读者带来不同的视觉体验，使他们更好地理解和感受新闻事件。

在摄影角度选择时，摄影师还需要尊重事实真相，避免刻意扭曲事实或夸大事件的影响。摄影师应该保持客观中立的态度，以真实的镜头记录和传递新闻信息。

综上所述，摄影技巧和角度选择在图像新闻的采集过程中起着关键作用。摄影师应熟悉相机的操作，具备观察力和判断力，以抓住关键时刻和细节。选择合适的拍摄角度可以突出新闻事件的重点和特点，给读者带来更好的视觉体验。通过不断的实践和经验积累，摄影师可以提高自己的摄影技巧和角度选择能力，拍摄出具有新闻价值的图像作品。

（二）图像编辑与处理

在图像新闻的编辑和处理过程中，编辑人员需要运用图像编辑软件对采集到的图像进行一定的后期处理，以提高图像的质量和表现力。图像编辑包括裁剪、调整色彩、清除噪点等步骤，旨在突出新闻要素和强调图像的视觉冲击力。

首先，裁剪是编辑中常用的操作之一。通过裁剪图像，可以去除多余的内容，使图像更加集中和突出新闻要素。编辑人员需要根据新闻报道的需求，选择合适的裁剪比例和构图方式，使图像更具吸引力和表现力。

其次，色彩调整是图像编辑的重要环节。编辑人员可以通过调整亮度、对比度、色调和饱和度等参数，使图像色彩更准确、鲜明，增强图像的视觉效果。然而，在进行色彩调整时，编辑人员需要保持图像的真实性和客观性，避免过度处理或篡改图像，以确保新闻报道的准确性和可信度。

此外，清除噪点也是编辑人员常进行的处理操作之一。噪点是指图像中的杂乱像素，可能由于拍摄条件不理想或图像传输过程中的干扰而产生。通过使用图像编辑软件中的去噪工具，编辑人员可以有效清除图像中的噪点，提高图像的清晰度和细节展现。

在进行图像编辑和处理时，编辑人员需要遵循新闻行业的伦理准则和职业操守。他们应该保持对图像真实性和客观性的尊重，避免过度处理或篡改图像，以免误导读者或损害新闻报道的可信度。

举例来说，一张新闻图片展示了一场激烈的示威活动。编辑人员可以通过裁剪来强调抗议者的表情和标语牌，突出事件的紧张氛围。接着，调整图像的色彩可以增强示威者的姿态和场景的冲击力。最后，清除噪点可以提高图像的细节展现，使读者更清晰地看到抗议者的表情和行动。

综上所述，图像编辑和处理在图像新闻的制作过程中起着重要的作用。编辑人员通过裁剪、调整色彩、清除噪点等操作，提高图像的质量和表现力，突出新闻要素和视觉冲击力。然而，在进行编辑和处理时，编辑人员需要遵循伦理准则，保持图像的真实性和客观性，以确保新闻报道的准确性和可信度。

三、图像新闻的运用与传播

图像新闻的运用与传播在现代媒体中扮演着重要的角色。随着数字技术的不断发展和社交媒体的兴起，图像新闻已经成为人们获取和传递新闻信息的主要形式之一。通过视觉的力量，图像新闻能够直观地展现新闻事件的现场、情感和故事，激发读者的共鸣和关注。图像新闻在报纸、杂志、网络和社交媒体等平台上的运用，为新闻报道带来了全新的表达方式和传播效果。

（一）图像新闻在报纸与杂志中的运用

在报纸和杂志中，图像新闻的运用具有重要的意义和效果。它通过视觉的方式向读者传递新闻信息，引起读者的兴趣和关注。以下是图像新闻在报纸和杂志中的运用方面的详细讨论：

首先，图像新闻在报纸和杂志中能够直观地展示新闻事件的现场和细节。通过生动的图片，读者能够更深入地了解事件的发生过程和现场氛围，增强对新闻事件的实感和共鸣。图像新闻可以帮助读者更好地理解新闻内容，并且在有限的版面空间内传递更多的信息。

其次，图像新闻在版面设计中起到吸引读者注意力的作用。视觉元素的引入使报纸和杂志的版面更加丰富多彩，增加阅读的乐趣和吸引力。优秀的图像新闻能够吸引读者的眼球，促使他们更加关注和阅读相关的报道，提高阅读体验和媒体的吸引力。

举例来说，一张报道自然灾害的图像新闻在报纸的头版位置，通过鲜明的颜色和震撼的场景，直观地展示了灾害的严重性和影响。这样的图像能够迅速吸引读者的注意力，使他们对该报道产生浓厚的兴趣，进而阅读相关的新闻内容。

此外，随着技术的发展，一些报纸和杂志开始采用全彩色印刷，图像新闻的质量和表现力得到了进一步提高。高品质的图像新闻能够更好地呈现细节和色彩，使读者更加真实地感受到新闻事件的场景和情感。

在图像新闻的运用过程中，编辑人员需要遵循伦理准则和职业操守。他们应确保图像的真实性和准确性，避免进行过度处理或篡改图像。此外，编辑人员还需要根据报道的需求，选择合适的图像，并搭配恰当的标题和文字说明，使图像与整个新闻报道形成有机的结合，提高信息的传递效果。

总之，图像新闻在报纸和杂志中的运用具有重要的意义和影响力。它通过视觉的方式向读者传递新闻信息，增加报道的实感和吸引力。在运用图像新闻时，编辑人员需要保持图像的真实性和准确性，以提高新闻报道的质量和可信度。同时，合理的版面设计和图像选择能够吸引读者的注意力，提高阅读体验和媒体的影响力。

（二）图像新闻在网络与社交媒体中的运用

随着互联网和社交媒体的迅速发展，图像新闻在网络传播中扮演着越来越重要的角色。网络媒体和社交媒体平台为图像新闻的传播提供了更广阔的空间和更多的受众，具有以下几个方面的优势和特点。

首先，网络媒体和社交媒体平台具有即时性和广泛性的特点，能够快速传递图像新闻。通过在网络媒体和社交媒体平台上发布图像新闻，新闻机构能够迅速将新闻内容推送给读者，实现信息的实时传播。同时，由于网络的覆盖面广泛，图像新闻能够触达更多的受众，扩大信息的传播范围。

其次，社交媒体平台的互动性和分享性使得图像新闻能够引起更广泛的关注和讨论。读者可以通过点赞、评论、分享等方式与图像新闻进行互动，表达自己的观点和情感。这种互动性有助于增加读者对新闻的参与度和黏性，使新闻内容更具影响力。

第三，社交媒体平台的用户生成内容特点，使得读者也成为图像新闻的传播者和创作者。读者可以通过拍摄照片、录制视频等方式，将自己的观察和体验与他人分享，从而形成更多元化的视角和内容。这种用户生成的图像新闻不仅丰富了报道的角度和内容，还增加了信息的可信度和互动性。

图像新闻在网络和社交媒体中的运用有许多成功的案例。例如，在突发新闻事件中，新闻机构通过发布现场照片和视频，向读者展示事件的真实情况和紧急救援的进展。这种直观的图像报道能够迅速引起读者的关注和关心，提醒公众注意安全和及时采取措施。此外，在社交媒体上，用户经常通过发布自己拍摄的图片来分享身边的新闻和时事评论，形成多样化的观点和见解。

然而，图像新闻在网络和社交媒体中的运用也面临一些挑战。其中之一是信息真实性和准确性的问题。在社交媒体时代，图像可以很容易地被编辑、篡改和传播，可能导致虚假信息的传播。因此，新闻从业人员需要审慎选择和验证图像来源，确保图像的真实性和可信度。此外，也要关注图像的版权保护和隐私权问题，遵守相关的法律法规和职业道德准则。

图像新闻在网络和社交媒体中的运用具有重要意义。通过网络媒体和社交媒体平台，图像新闻能够快速传播，引起广泛关注和讨论。然而，需要注意信息的真实性和准确性，加强版权保护和隐私权的尊重。新闻从业人员应积极应对挑战，充分利用网络和社交媒体平台的优势，提升图像新闻的传播效果和影响力，为读者提供更全面、多样化的新闻内容。

总结起来，图像新闻作为一种重要的新闻报道形式，具有直观、生动、感性的特点。在图像新闻的制作过程中，摄影师和编辑人员需要具备一定的技术和专业知识，以捕捉新闻事件的关键时刻和细节，并通过后期处理和编辑，突出图像的质量和表现力。图像新闻在传统媒体和新媒体平台上的运用，可以更好地传递新闻信息，吸引读者的兴趣和参与，促进新闻内容的传播和交流。

第三节　视频新闻的制作与运用

一、视频新闻的定义与特点

视频新闻是一种利用摄像技术和影像编辑技术制作的新闻报道形式，它通过动态的影像和声音来传递新闻信息。相比传统的图文报道，视频新闻具有独特的特点和优势。

（一）视频新闻具有直观生动的特点

视频新闻具有直观生动的特点，能够通过动态的画面和真实的声音，让观众更直接地感受到新闻事件的现场情况和相关细节。相比于文字报道，视频新闻能够通过视觉和听觉的双重刺激，给人们带来更加生动、逼真的体验。

首先，视频新闻通过实地拍摄展示新闻事件的现场情况，让观众目睹事件的发生。例如，在报道自然灾害时，摄影师可以前往受灾区域，记录下灾情的实际情况。通过镜头的聚焦和镜头的移动，观众能够感受到灾区的景象、受灾民众的生活状况，进一步了解灾情的严重性和对当地人民的影响。这种直观的呈现方式能够让观众更加真实地感受到事件的紧迫性和现实性。

其次，视频新闻还通过真实的声音带来更加生动的体验。除了画面的展示，视频新闻还可以通过采访、现场录音等方式，将当事人的声音和情感传递给观众。例如，在报道社会问题时，通过采访受害者或相关专家，观众能够听到他们的呼喊、控诉和感受，更加深刻地体会到事件对当事人的影响和社会的关注度。这种声音的加入能够让观众更加贴近事件，加强情感的共鸣和理解。

此外，视频新闻还能够通过编辑的方式将画面和声音进行组合，达到更好的效果。编辑人员可以选择最具代表性的画面和最有代表性的声音，将它们合理地剪辑在一起，使整个视频更具流畅性和连贯性。通过剪辑的技巧，编辑人员能够将复杂的事件和细节浓缩成几分钟的视频，使观众能够在短时间内了解到事件的关键信息和发展过程。

总之，视频新闻具有直观生动的特点，通过动态的画面和真实的声音，能够更加生动地呈现新闻事件的现场情况和相关细节。观众能够通过视觉和听觉的双重刺激，更直接地感受到事件的真实性和紧迫感。视频新闻的直观生动特点，使其成为新闻报道中不可或缺的重要形式。

（二）视频新闻具有多维立体的特点

视频新闻具有多维立体的特点，通过镜头的变换和拍摄角度的选择，能够呈现多个视角和多个维度的信息，使观众更全面地了解新闻事件的背景和发展。

　　首先，视频新闻能够通过不同视角的呈现展示事件的多个方面。摄影师可以选择不同的拍摄角度，如俯拍、仰拍、侧拍等，以突出新闻事件的不同侧面和细节。例如，在报道体育比赛时，通过在场边、看台和运动员近距离拍摄，可以呈现比赛的紧张氛围、运动员的表情和动作，以及观众的反应。这种多视角的展示方式能够让观众更全面地了解比赛的进展和参与者的表现。

　　其次，视频新闻还可以通过对不同人群的采访和观点呈现多个维度的信息。在报道社会问题时，摄影师和记者可以采访不同的当事人、专家、目击者等，以获取他们的观点和经历。通过展示不同人群的声音和观点，视频新闻能够让观众更全面地了解事件的影响范围和多样性。例如，在报道环境保护问题时，通过采访当地居民、环保组织代表和政府官员，观众可以听到不同人群对环境问题的看法和态度，了解事件对不同利益方的影响。

　　此外，视频新闻还可以通过特殊的拍摄技术和视觉效果展示多个维度的信息。例如，通过使用无人机拍摄技术，可以将摄影机悬浮在高空，以俯瞰的视角展示大规模事件的整体情况，呈现事件的规模和影响。另外，通过使用分屏、画中画等剪辑技术，可以将不同的画面同时展示在观众面前，以呈现事件的多个维度和同时发生的情况。

　　总之，视频新闻具有多维立体的特点，通过镜头的变换和拍摄角度的选择，能够呈现多个视角和多个维度的信息。观众可以通过观看不同的画面和听取不同的声音，更全面地了解新闻事件的背景和发展。视频新闻的多维立体特点，使其成为传达信息和呈现事实的重要手段之一。

（三）视频新闻能够更好地表达情感

视频新闻具有更好地表达情感的特点，通过画面、音乐和声音的组合，能够传递新闻事件所带来的情感和共鸣。

首先，视频新闻通过画面的表达方式能够更直观地展现新闻事件的情感。摄影师通过拍摄受害者的表情、动作和环境等，能够真实地呈现他们的痛苦、愤怒、悲伤等情感。例如，在报道自然灾害时，通过拍摄受灾民众的眼神和表情，观众可以感受到他们的无助和绝望，产生共鸣和同情之情。通过画面的细腻表达，视频新闻能够引发观众的情感共鸣，激起对事件的关注和关心。

其次，视频新闻通过音乐和声音的运用来加强情感的表达。音乐作为一种非语言的艺术形式，能够通过旋律、节奏和音色传达情感。在视频新闻的制作中，编辑人员可以选择适合场景和主题的音乐，以营造相应的情绪氛围。例如，在报道一场感人的公益活动时，背景音乐可以选择温暖、感动的曲调，以加强观众的情感共鸣和情绪感受。此外，声音的运用也能够增强情感的表达，如受害者的哭泣声、抗议活动的呐喊声等，都能够让观众更加深刻地感受到新闻事件所带来的情感冲击。

视频新闻的情感表达不仅仅局限于事件的受害者，还可以通过人物访谈和故事叙述等手法来传递情感。摄影师和记者可以采访相关人物，让他们讲述自己的经历、情感和心路历程。这种真实的访谈和叙述，能够更深入地展现事件对个体的影响和情感变化。观众通过听取当事人的声音和故事，能够更加贴近事件的真实性和感受其所带来的情感冲击。

总之，视频新闻通过画面、音乐和声音的组合，能够更好地传递新闻事件所带来的情感和共鸣。通过直观的画面、适宜的音乐和真实的声音，视频新闻能够引发观众的情感共鸣，使观众更加深入地体验新闻事件所带来的情感冲击。视频新闻的情感表达能够激发观众的关注和思考，促使社会对相关问题做出更深入的反思和行动。

（四）视频新闻具有时效性和即时性

视频新闻具有时效性和即时性的特点，通过制作和传播视频新闻，可以迅速反映新闻事件的发生和变化，满足观众对即时新闻的需求。

首先，视频新闻的制作和传播速度较快。随着技术的不断发展，摄影和编辑设备的提升，以及网络传输的加速，视频新闻的制作和传播时间大大缩短。在新闻事件发生后，摄影师和记者可以迅速赶到现场进行拍摄和采访，然后利用快速的编辑和上传技术，将视频新闻迅速推送到在线视频平台和新闻网站上。观众可以在第一时间通过电脑、手机等设备观看最新的视频新闻，及时了解事件的发展和动态。这种快速反应和传播的特点使观众能够跟随事件的进展，及时获取最新的信息。

其次，观众可以通过在线视频平台和新闻网站实时观看视频新闻。随着互联网的普及和网络带宽的提升，观众可以随时随地通过电脑、手机等设备访问在线视频平台和新闻网站，观看最新的视频新闻。这种即时的访问方式使观众能够根据自己的时间和需求选择观看视频新闻，不再受限于传统电视节目的播出时间和地点。观众可以根据自己的兴趣和关注点，自由选择观看各类新闻事件的视频报道，获取即时的新闻资讯。

时效性和即时性的特点使视频新闻成为观众获取最新信息的重要途径。观众对于新闻事件的关注不再局限于传统媒体的报道，他们可以通过在线视频平台和新闻网站获取全球范围内的新闻资讯。此外，视频新闻的时效性和即时性也促使新闻机构加强新闻报道的质量和准确性，以确保观众获得可靠的信息。对于观众而言，及时获取新闻事件的最新动态，有助于他们更好地了解和参与社会事务，做出明智的决策和行动。

总之，视频新闻具有时效性和即时性的特点，通过制作和传播视频新闻，可以迅速反映新闻事件的发生和变化。观众可以通过在线视频平台和新闻网站实时观看视频新闻，获得即时的新闻资讯。这满足了观众对新闻的及时需求，使他们能够第一时间了解最新的事件和动态。同时，时效性和即时性也促使新闻机构加强报道的准确性和质量，以满足观众对可靠信息的需求。

综上所述，视频新闻以其直观生动、多维立体、情感表达和时效性等特点，成为新闻报道中不可或缺的重要形式。通过视频新闻的制作和传播，新闻机构能够更好地满足观众的需求，提高新闻报道的吸引力和影响力。同时，观众也能够通过视频新闻更全面地了解新闻事件，感受到新闻事件的真实性和紧迫感。

二、视频新闻的拍摄与剪辑

在现代媒体时代，视频新闻已经成为新闻报道中不可或缺的重要形式之一。通过视频的动态画面和声音，观众可以更直观地感受到新闻事件的现场情况和相关细节。然而，视频新闻的制作并非易事，它需要摄影师和编辑人员的精心策划、拍摄和剪辑。因此，掌握视频新闻的拍摄和剪辑技巧至关重要。

（一）视频拍摄技巧与构图

在视频新闻的拍摄过程中，摄像师需要掌握一些关键的技巧和构图原则，以确保拍摄到高质量、具有影响力的素材。以下是一些常用的视频拍摄技巧和构图原则：

1. 找准焦点。在拍摄时，摄像师需要确定好焦点，确保被拍摄对象清晰可见。可以使用自动对焦功能或手动对焦来控制焦点的准确性。

2. 稳定镜头。稳定镜头是保持画面稳定和清晰的关键。使用三脚架、稳定器或镜头防抖等工具可以有效减少手持摄像时的晃动，确保画面的稳定性。

3. 角度选择。选择合适的拍摄角度能够突出新闻事件的特点和重点。可以尝试不同的角度，如低角度、高角度、俯视角度等，以获得独特的视觉效果和观点。

4. 运动拍摄。在某些情况下，运动拍摄可以增加画面的活力和冲击力。通过跟随运动的拍摄或使用运动模式，摄像师可以捕捉到快速移动的对象，并传达出动态和紧迫感。

5. 深度和层次。通过在画面中加入前景、中景和背景，可以创造出深度和层次感，使画面更加丰富和引人注目。这样的构图能够吸引观众的眼球，并帮助他们更好地理解场景。

6. 重点突出。在拍摄过程中，摄像师需要注意突出新闻事件的重点。通过将焦点和主要对象放在画面的合适位置，可以引导观众的视线和注意力，确保他们能够正确理解新闻事件的关键信息。

举例来说，当摄像师拍摄一场示威活动时，可以采用低角度拍摄来突出示威者的决心和坚定，传递他们的诉求和情感。另外，摄像师还可以利用层次感，将示威队伍和背景的人群交错排列，以展现示威活动的规模和广泛参与。这样的拍摄技巧和构图原则能够有效地提升视频新闻的质量和影响力。

总之，视频新闻的拍摄技巧和构图原则对于传达新闻事件的重要信息和情感具有重要作用。摄像师需要通过不断练习和实践，掌握这些技巧，并在实际拍摄中灵活运用，以获得高质量、生动有力的视频素材。

（二）视频剪辑与后期制作

视频剪辑和后期制作是视频新闻制作的重要环节，它能够将拍摄到的素材进行有序组织和编辑，使得报道更具流畅性、连贯性和视听效果。下面是视频剪辑和后期制作的一些关键步骤和技巧：

1. 整理素材。编辑人员需要对拍摄到的素材进行整理和归类。这包括筛选出关键的镜头和片段，删除冗余或无用的素材，以保证剪辑的高效性和精准性。

2. 选取关键镜头。根据报道的主题和目的，编辑人员需要选择出最具代表性和关键的镜头进行剪辑。这些镜头能够直接传达新闻事件的核心信息和情感，引起观众的兴趣和共鸣。

3. 剪切和组合。编辑人员根据报道的结构和逻辑，对选取的镜头进行剪切和组合。他们需要合理安排镜头的先后顺序，保持剪辑的流畅性和连贯性，确保报道的整体呈现符合观众的阅读习惯和心理预期。

4. 添加音效和音乐。音效和音乐能够增强视频新闻的表现力和情感吸引力。编辑人员可以添加适当的音效，如自然环境声音、人声、交通声等，以增强真实感。同时，选择适当的背景音乐能够营造氛围、烘托情感，让观众更深入地体验报道所传递的信息。

5. 添加字幕和图文信息。在视频新闻中，字幕和图文信息能够帮助观众更好地理解报道的内容和细节。编辑人员可以添加文字标题、解说词、采访内容等，以补充和强化视频画面的信息传递。

6. 过渡效果和特效。过渡效果和特效是使视频剪辑更加流畅和吸引人的关键因素。编辑人员可以使用各种过渡效果，如淡入淡出、切换、翻转等，使剪辑之间过渡自然流畅。特效的运用可以增加视觉冲击力和艺术性，使视频新闻更具吸引力。

举例来说，当编辑人员剪辑一段关于体育比赛的视频新闻时，他们可以选取比赛的关键时刻和高潮部分，通过剪切和组合，展现比赛的紧张氛围和精彩瞬间。同时，他们可以添加观众的欢呼声、运动员的呼吸声和背景音乐，以增强视频新闻的感染力和娱乐性。

在进行视频剪辑和后期制作时，编辑人员需要充分理解报道的目的和受众的需求，准确把握报道的节奏和情感表达。他们应熟悉剪辑软件和工具的使用，灵活运用各种编辑技巧，使得视频新闻在内容和形式上都能够达到高质量的水平。通过精心的剪辑和后期制作，视频新闻能够更好地传达新闻事件的意义和价值，吸引观众的注意力和关注。

三、视频新闻的运用与传播

随着科技的发展和互联网的普及，视频新闻在新闻行业中扮演着日益重要的角色。视频作为一种多媒体形式，能够通过动态的影像和声音，以更直观、生动的方式呈现新闻事件，激发观众的兴趣和参与。视频新闻的运用和传播已经成为现代新闻报道的重要组成部分，不仅在电视和网络媒体中广泛运用，还在移动端和社交媒体平台上得到了广泛应用。

（一）视频新闻在电视与网络媒体中的运用

视频新闻在电视和网络媒体中都扮演着重要角色，为观众提供丰富多样的新闻体验。在电视新闻中，视频新闻常常作为主要的报道形式出现。通过电视画面的传递，观众可以更直观地感受到新闻事件的现场情况和相关细节。电视新闻的制作团队会通过精心的剪辑和呈现方式，使视频新闻更具吸引力和影响力。

在网络媒体中，视频新闻的传播更加灵活和便捷。新闻机构可以通过自己的官方网站或新闻应用发布视频新闻，观众可以在任何时间、任何地点通过网络观看。此外，视频分享平台如 YouTube、抖音、微博等也成了观众获取视频新闻的重要渠道。这些平台上发布的视频新闻往往能够迅速吸引大量观众的关注和分享，扩大新闻的传播范围。

视频新闻在电视和网络媒体中的运用具有以下特点和优势：

1. 强大的视听冲击力

视频新闻具有强大的视听冲击力，通过动态的画面和真实的声音，给观众带来了深刻的观感体验。视觉和听觉是人类最主要的感知方式，视频新闻通过这两个感官的双重刺激，能够更直接、更深入地传达新闻事件的真实性和紧迫感。

首先，视频新闻通过动态的画面呈现新闻事件的现场情况和相关细节。相比于静态的图片或文字报道，动态的画面能够更生动地展示事态的发展和变化。观众可以通过视觉上的直接观察，更直观地感受到事件的严重性和规模。例如，在报道自然灾害时，视频新闻能够通过实地拍摄展示灾区的情况，包括破坏的景象、受灾民众的生活状态以及救援行动的进行情况。这些动态的画面让观众仿佛置身于灾区，更深刻地感受到灾情的严重性和对当地人民的影响。

其次，视频新闻通过真实的声音增强了观众的感知体验。声音是情感和信息传递的重要媒介，能够激发观众的共鸣和情感反应。通过在视频中捕捉真实的环境声音、人物的语言表达和情感呈现，观众能够更直接地感受到事件的紧迫感和情感色彩。例如，在报道社会问题时，视频新闻可以通过采访受害者或目击者，记录他们的声音和表情，使观众更加真实地感受到他们的痛苦和困境。这些真实的声音让观众与事件的当事人产生情感共鸣，加深了对事件的关注和理解。

通过强大的视听冲击力，视频新闻能够引发观众的情感共鸣和注意力。观众通过视觉和听觉的刺激更深入地体验到新闻事件的真实性和紧迫感，这种直观、身临其境的感受使他们更加投入和关注新闻报道。因此，视频新闻在传递信息、激发情感和引起观众共鸣方面具有独特的优势，成为新闻行业不可或缺的重要形式之一。随着科技的不断进步和视频制作技术的发展，视频新闻的视听冲击力将进一步增强，为观众带来更加震撼和丰富的新闻观感体验。

2. 生动直观的表达方式

视频新闻以其生动直观的表达方式，能够通过画面的呈现直接展示新闻事件的现场情况和相关细节，从而提供更深入的理解和记忆新闻内容的机会。相比于静态的图片或文字报道，视频新闻通过动态的画面、真实的声音和运动的元素，能够更全面地传达信息，激发观众的兴趣和参与。

首先，视频新闻通过画面的呈现，使观众能够直观地感受新闻事件的现场情况。通过摄像机的镜头，观众可以近距离观察并了解事件的发生地点、人物的行为、物体的状态等。例如，在报道体育比赛时，视频新闻能够通过拍摄运动员的动作、比赛场景的细节，让观众更加身临其境地感受比赛的激烈和紧张氛围。这种直观的表达方式使观众能够更好地理解事件的发展和背景，提升了信息的吸收度和记忆效果。

其次，视频新闻能够通过图像和声音的结合，增强信息的传达效果。视频新闻可以通过配乐、音效和解说词等手段，使观众更深入地体验新闻事件所带来的情感和故事性。通过音乐的节奏、声音的变化以及解说词的引导，视频新闻能够在视听上给观众带来更丰富的感受。例如，在纪录片报道中，通过搭配恰当的音乐和解说词，视频新闻能够在没有文字的情况下，向观众传达事件的背景、人物的情感和故事的发展。

此外，视频新闻还能够通过运动的元素吸引观众的注意力。视频新闻中的运动元素包括运动的人物、物体、相机的移动等，通过运动的变化和视角的转换，能够吸引观众的眼球并增加观看的乐趣。例如，在报道公众活动时，视频新闻通过追踪运动的人群、切换不同的拍摄角度，使观众更加投入到活动的氛围中，提升了新闻报道的吸引力和互动性。

综上所述，视频新闻以其生动直观的表达方式，通过画面的呈现，能够直观地展示新闻事件的现场情况和相关细节。观众通过观看视频，能够更好地理解和记忆新闻内容，增加信息的吸收度。通过图像和声音的结合以及运动元素的运用，视频新闻能够为观众提供更丰富、更直观的新闻观感体验，提升新闻报道的影响力和互动性。

3. 更具互动性和参与性

视频新闻在网络媒体中具有更强的互动性和参与性，观众可以直接在视频下方发表评论、分享观点，与其他观众进行互动和讨论。这种互动性和参与性使得视频新闻更加生动和有趣，增强了观众的参与感和黏性。

首先，视频新闻的互动性在于观众可以在视频下方发表评论和回复其他观众的评论。观众可以通过文字表达自己对新闻事件的看法、观点和感受，与其他观众进行交流和讨论。这种互动的形式使得观众之间能够分享不同的观点和意见，加深对新闻事件的理解和思考。观众的评论还可以为新闻机构和制作团队提供反馈和建议，促进新闻报道的改进和优化。

其次，视频新闻的参与性在于观众可以通过社交媒体平台分享视频和观点。观众可以将自己觉得有价值或有趣的视频新闻分享到个人的社交媒体账号上，让更多的人看到并参与讨论。这种分享行为不仅能够扩大视频新闻的传播范围，还能够引起更多人对新闻事件的关注和讨论。观众之间的分享和传播形成了一个更加广泛的信息流动网络，进一步增加了视频新闻的影响力和传播效果。

此外，一些网络媒体平台还提供了针对视频新闻的点赞、分享和收藏等功能，观众可以通过这些互动按钮表达对视频新闻的喜爱和支持。观众的互动行为不仅能够给视频新闻带来更多的曝光和点击量，还可以为新闻机构和制作团队提供数据和反馈，了解观众对视频新闻的反应和需求，从而进一步改进和优化新闻报道的内容和形式。

综上所述，视频新闻在网络媒体中具有更强的互动性和参与性，观众可以通过评论、分享和互动按钮等形式参与到视频新闻的传播和讨论中。这种互动性和参与性使得视频新闻更加生动和有趣，增强了观众的参与感和黏性。同时，观众的互动行为也为新闻机构和制作团队提供了反馈和数据，促进了新闻报道的改进和创新。

（二）视频新闻的移动端应用与直播报道

随着移动互联网的普及和移动设备的智能化，视频新闻在移动端的应用和直播报道的方式得到了广泛的发展和应用。移动应用和社交媒体平台成为观众获取视频新闻的主要途径之一。观众可以通过新闻应用或社交媒体平台随时随地观看视频新闻，获得即时的新闻资讯。这为观众提供了更加便捷和个性化的观看体验。

移动端的视频新闻应用在用户界面和功能设计上更加注重用户体验和互动性。观众可以通过滑动、点击等操作来浏览和选择自己感兴趣的视频新闻内容，使其与自己的兴趣和需求相匹配。视频新闻应用还提供了个性化推荐功能，根据观众的历史观看记录和兴趣偏好，推荐相关的视频新闻，提高用户的观看体验。

此外，视频新闻的直播报道也在移动端得到广泛应用。通过移动设备的摄像功能和直播平台，新闻机构可以实时将新闻事件的现场直播给观众。观众可以通过手机、平板电脑等移动设备观看直播，获得更加直观、身临其境的报道体验。直播报道能够将新闻事件的紧迫感和真实性传递给观众，使他们能够第一时间了解最新的事件和动态。例如，重大的新闻事件、体育赛事、政治活动等都可以通过移动端的直播报道进行实时的传播和观看。

移动端视频新闻的应用和直播报道的方式不仅提供了更加便捷和灵活的观看方式，也带来了新闻报道形式的创新和多样化。观众可以在不受时间和地点限制的情况下获取新闻信息，并且能够与其他观众实时互动和讨论。移动端的视频新闻应用和直播报道为观众提供了更加全面、及时、个性化的新闻体验，丰富了新闻报道的形式和内容。移动端的视频新闻应用和直播报道的方式为观众提供了更加便捷和灵活的观看体验，使他们能够随时随地获取即时的新闻资讯。这种方式的应用不仅丰富了新闻报道的形式和内容，也提高了观众参与新闻报道的互动性和参与感。随着移动互联网的不断发展，移动端视频新闻的应用和直播报道的方式将继续发挥重要作用，为观众带来更加丰富、全面和多样化的新闻体验。

　　总结起来，视频新闻的制作与运用在新闻报道中具有重要意义。通过直观生动的影像和声音，视频新闻能够更好地传达新闻事件的真实性和紧迫感，提高新闻报道的吸引力和影响力。摄像师和编辑需要具备专业的技术和创作能力，合理运用拍摄和剪辑技巧，使视频新闻更好地服务于观众和读者。同时，在电视、网络和移动端等平台上充分发挥视频新闻的传播优势，提高新闻的传播效果和参与度，实现新闻媒体的创新与发展。

第七章　新闻传播策略与效果评估

第一节　新闻传播策略的制定与实施

随着社会的不断进步和科技的不断发展，新闻传播逐渐成为社会生活的重要组成部分。在信息时代，新闻传播的重要性不言而喻，新闻传播不仅是传递信息的工具，更是社会引导、舆论调控的重要手段，具有非常重要的社会作用。因此，新闻传播策略的制定与实施，对于一个社会、一个机构、一个企业等都具有非常重要的意义。

一、新闻传播策略的概念

新闻传播策略，是指在一定的目标、情境、资源和时间等条件下，为了实现特定的新闻传播目标而制订的全面、系统的行动计划。新闻传播策略包括了对目标群体、传播内容、传播渠道、传播方式、传播效果等多方面的考虑，是一种全面、系统的思考和行动的过程。

新闻传播策略的制定和实施需要考虑到很多因素，如组织内部的资源、外部环境、目标受众等，需要根据具体情况进行制定和实施，才能达到预期的效果。

二、新闻传播策略的制定过程

（一）环境分析

新闻传播策略的制定需要先进行环境分析，以了解外部环境的情况，了解目标受众的需求和态度。

1. 政治环境分析

政治环境是新闻传播的重要背景之一，政治稳定与否、政策法规的制定与执行都会对新闻传播产生影响。因此，在制定新闻传播策略时，需要对政治环境进行分析，以了解政府的政策取向、态度和政策法规等情况，从而更好地适应政治环境的变化，避免在政治敏感期间发布可能引发争议的新闻。

政治环境分析需要关注的重点包括政府的行政管理方式、政策法规、政治稳定程度、政治领导人的态度和言论等。对政治环境的分析可以从政府部门的官方网站、政府发布的政策文件、新闻报道、社交媒体等多个渠道获取信息。

2. 经济环境分析

经济环境是新闻传播的另一个重要背景，经济的发展趋势、市场需求等都会对新闻传播产生影响。因此，在制定新闻传播策略时，需要对经济环境进行分析，以了解经济发展的趋势、市场情况等，从而更好地把握市场机会，提高传播效果。

经济环境分析需要关注的重点包括经济发展趋势、市场需求、消费者行为等。对经济环境的分析可以从官方发布的经济数据、市场调查报告、新闻报道、社交媒体等多个渠道获取信息。

3. 社会环境分析

社会环境是新闻传播的另一个重要背景，社会热点、社会问题等都会影响新闻传播的效果。因此，在制定新闻传播策略时，需要对社会环境进行分析，以了解社会热点、社会问题等，从而更好地把握社会热点事件的传播机会，提高传播效果。

社会环境分析需要关注的重点包括社会热点事件、社会问题、公众态度等。对社会环境的分析可以从新闻报道、社交媒体、问卷调查等多个渠道获取信息。

4. 技术环境分析

技术环境是新闻传播的基础，技术的发展趋势、现有技术的应用情况等都会对新闻传播产生影响。因此，在制定新闻传播策略时，需要对技术环境进行分析，以了解新技术的应用情况、技术的发展趋势等，从而更好地把握技术发展的机遇，提高传播效果。

技术环境分析需要关注的重点包括新技术的应用情况、技术的发展趋势、技术的优缺点等。对技术环境的分析可以从技术媒体、科技博客、科技展会等多个渠道获取信息。

总之，环境分析是新闻传播策略制定的基础，只有深入了解外部环境，才能更好地制定新闻传播策略，提高传播效果。

（二）竞争对手分析

在新闻传播策略制定过程中，需要进行竞争对手分析，以了解竞争对手的情况，了解其优劣势。

1. 竞争对手的品牌知名度和形象

竞争对手的品牌知名度和形象是影响其市场竞争力的重要因素之一。了解竞争对手在公众心目中的形象和知名度，可以帮助制定新闻传播策略，提高企业品牌知名度和形象。

竞争对手的品牌知名度和形象可以从多个渠道获取，包括市场调查、社交媒体、新闻报道等。通过对竞争对手的品牌知名度和形象进行分析，可以了解其优势和劣势，从而制定相应的营销策略。

2. 竞争对手的传播渠道和传播方式

竞争对手的传播渠道和传播方式对其品牌影响力和市场竞争力也具有重要影响。了解竞争对手的传播渠道和传播方式，可以帮助制定新闻传播策略，提高企业的传播效果。

竞争对手的传播渠道和传播方式可以从多个渠道获取，包括市场调查、社交媒体、新闻报道等。通过对竞争对手的传播渠道和传播方式进行分析，可以了解其优势和劣势，从而制定相应的营销策略。

3. 竞争对手的产品特点和优劣势

了解竞争对手的产品特点和优劣势，可以帮助制定新闻传播策略，提高企业的市场竞争力。竞争对手的产品特点和优劣势可以从多个渠道获取，包括市场调查、社交媒体、新闻报道等。

通过对竞争对手的产品特点和优劣势进行分析，可以了解其优势和劣势，从而制定相应的营销策略。例如，如果竞争对手的产品在质量方面存在问题，企业可以通过新闻传播方式强调自己的产品质量优势，提高消费者对自己产品的信任度。

（三）目标受众分析

在新闻传播策略制定过程中，需要进行目标受众分析，以了解目标受众的需求、兴趣和态度，以便制定相应的传播内容和方式。

1. 目标受众的基本情况。这包括目标受众的年龄、性别、教育程度、职业等基本情况。这些信息可以帮助你更好地了解你的受众，以便更好地制定传播策略。例如，对于较年轻的受众，你可以通过社交媒体等在线渠道进行传播；而对于较老的受众，则可能需要使用传统的广播或电视广告等传统渠道。

2. 目标受众的需求和兴趣。你需要了解目标受众的需求和兴趣，以便制定相应的传播内容。例如，如果你的目标受众是体育爱好者，你可以制作相关的新闻报道或推文，以便他们更容易接受你的信息。

3. 目标受众的态度和价值观。了解目标受众的态度和价值观，可以帮助你制定更有效的传播方式和策略。例如，如果你的目标受众是环保主义者，你可以使用相关的语言和图片，来吸引他们的注意力并让他们更容易接受你的信息。

通过对目标受众进行充分的分析，你可以更好地了解他们的需求和兴趣，以便制定更有效的传播策略。同时，你还可以更好地了解他们的态度和价值观，以便在传播内容和方式上进行更好的调整。

（四）新闻传播目标的确定

在了解了外部环境、竞争对手和目标受众的情况后，需要确定新闻传播的目标，以便制定相应的策略和行动计划。新闻传播目标应该具有可行性和具体性，应该能够量化和衡量。

1. 提高品牌知名度

提高品牌知名度是新闻传播的重要目标之一。通过新闻传播，可以让更多的人了解企业的品牌和产品，提高企业的知名度和影响力。提高品牌知名度可以通过多种方式实现，包括广告、新闻报道、社交媒体等渠道。

在制定新闻传播策略时，需要明确品牌知名度的提高目标，例如提高品牌知名度的百分比或者具体数字。同时，需要制定相应的传播策略，选择合适的传播渠道和传播方式，以提高品牌知名度。

2. 塑造企业形象

通过新闻传播，可以塑造企业的形象和价值观，提高企业的品牌形象和公众形象。企业的形象和价值观是企业文化的重要组成部分，能够影响公众对企业的看法和评价。

在制定新闻传播策略时，需要明确塑造企业形象的具体目标，例如提高公众对企业的信任度或者改善企业在公众心目中的形象。同时，需要选择合适的传播渠道和传播方式，例如发布企业社会责任报告、参与公益活动等，以塑造企业的形象和价值观。

3. 宣传产品特点

通过新闻传播，可以宣传企业的产品特点和优势，提高产品的竞争力和市场占有率。企业的产品特点和优势是企业的核心竞争力，能够影响消费者对产品的购买决策。

在制定新闻传播策略时，需要明确宣传产品特点的具体目标，例如提高产品的市场占有率或者提高产品的销售额。同时，需要选择合适的传播渠道和传播方式，例如发布产品介绍、参加展会等，以宣传产品的特点和优势。

4. 引导舆论

通过新闻传播，可以引导公众的舆论，形成有利于企业的舆论氛围。舆论对企业的形象和品牌影响力具有重要影响，因此，引导舆论是新闻传播的重要目标之一。

在制定新闻传播策略时，需要明确引导舆论的具体目标，例如改善企业的形象、提高公众对某一事件的关注度等。同时，需要选择合适的传播渠道和传播方式，例如发布新闻稿、参与公共议题讨论等，以引导公众的舆论。

总之，新闻传播目标的设定需要具有可行性和具体性，需要能够量化和衡量。同时，在制定新闻传播策略时，需要根据具体的目标，选择合适的传播渠道和传播方式，以提高传播效果。

（五）新闻传播策略的制定

在确定了新闻传播目标后，需要制定相应的新闻传播策略，以便实现目标。

1. 传播内容的确定

传播内容的确定是新闻传播策略制定的重要环节之一。根据目标受众的需求和兴趣，确定传播内容的主题和重点，制订相应的内容方案，以便吸引目标受众的注意力，提高传播效果。在确定传播内容时，需要考虑到目标受众的年龄、性别、教育程度、职业等因素，以确保传播内容的针对性和精准性。

2. 传播渠道的选择

传播渠道的选择是新闻传播策略制定的重要环节之一。根据目标受众的特点和传播目标，选择合适的传播渠道，包括新闻媒体、社交媒体、微信公众号等。在选择传播渠道时，需要考虑到目标受众的使用习惯和媒体偏好，以确保传播渠道的有效性和覆盖范围。

3. 传播方式的确定

传播方式的确定是新闻传播策略制定的重要环节之一。根据目标受众的态度和价值观，确定传播方式和策略，包括新闻报道、专访、新闻发布会等。在确定传播方式时，需要考虑到目标受众的态度和价值观，以确保传播方式的合适性和有效性。

4. 传播效果的评估

传播效果的评估是新闻传播策略制定的重要环节之一。制定相应的评估标准，对传播效果进行评估和监测，以便调整和改进新闻传播策略。在评估传播效果时，需要考虑到传播目标的实现情况、传播渠道的覆盖范围、传播内容的吸引力等因素，以确保传播效果的准确性和全面性。

总之，新闻传播策略制定需要包括传播内容的确定、传播渠道的选择、传播方式的确定和传播效果的评估等方面的内容。同时，需要根据不同的传播目标和目标受众，采用不同的传播策略和方式，以提高传播效果和实现传播目标。在实际操作中，需要不断跟进传播效果的变化，及时调整和改进传播策略，以确保传播效果的最大化。

（六）新闻传播策略的实施

1. 传播内容的制作和发布

传播内容的制作和发布是新闻传播策略实施的重要环节之一。根据传播策略制定的内容方案，制作和发布相应的传播内容。在制作传播内容时，需要考虑到目标受众的需求和兴趣，以确保传播内容的吸引力和有效性。在发布传播内容时，需要选择合适的传播渠道和传播方式，以确保传播效果的最大化。

2. 传播渠道的建设和维护

传播渠道的建设和维护是新闻传播策略实施的重要环节之一。根据传播策略选择的传播渠道，建设和维护相应的传播平台，包括新闻媒体、社交媒体、微信公众号等。在建设传播平台时，需要考虑到目标受众的使用习惯和媒体偏好，以确保传播平台的有效性和覆盖范围。在维护传播平台时，需要不断更新和改进内容，以吸引更多的目标受众。

3. 传播方式的实施和监测

传播方式的实施和监测是新闻传播策略实施的重要环节之一。根据传播策略制定的传播方式和策略，实施和监测相应的传播活动，包括新闻报道、专访、新闻发布会等。在实施传播活动时，需要考虑到目标受众的态度和价值观，以确保传播方式的合适性和有效性。在监测传播效果时，需要采用多种方式，如调查问卷、社交媒体分析等，以便及时了解传播效果的变化和调整传播策略。

4. 传播效果的评估和调整

传播效果的评估和调整是新闻传播策略实施的重要环节之一。对传播效果进行评估和监测，根据评估结果调整和改进传播策略，以提高传播效果和达到预期目标。在评估传播效果时，需要考虑到传播目标的实现情况、传播渠道的覆盖范围、传播内容的吸引力等因素，以确保评估结果的准确性和全面性。在调整传播策略时，需要根据评估结果对传播内容、传播渠道和传播方式进行调整和改进，以提高传播效果和实现传播目标。

总之，新闻传播策略的实施需要包括传播内容的制作和发布、传播渠道的建设和维护、传播方式的实施和监测以及传播效果的评估和调整等方面的工作。需要根据不同的传播目标和目标受众，采用不同的传播策略和方式，以提高传播效果和实现传播目标。同时，需要不断跟进传播效果的变化，及时调整和改进传播策略，以确保传播效果的最大化。

（七）新闻传播策略的优化和完善

1. 对传播内容的优化和调整

优化和调整传播内容是新闻传播策略中的重要环节。首先，应该根据目标受众的需求和兴趣，对内容进行精细化定位。这可以通过市场调研、受众调查和数据分析等方式来获取相关信息。了解目标受众的喜好、关注点和需求，可以帮助新闻机构或传媒公司针对性地优化和调整传播内容。

其次，根据传播效果和目标受众的反馈，进行内容的持续优化。通过监测数据、用户评论、社交媒体反馈等途径，收集受众对传播内容的评价和建议。这些反馈可以为新闻机构提供宝贵的意见和指导，帮助其及时调整和改进内容。比如，如果发现某个话题或报道受到受众热议，可以增加相关的深度报道或跟进报道，以满足受众的需求。

此外，对于传播内容的多样化也是优化的一部分。新闻机构可以通过多角度、多媒体形式来呈现内容，以吸引不同类型的受众。同时，根据时事发展和受众关注度的变化，灵活调整内容的选择和权重，确保传播内容的及时性和相关性。

2. 对传播渠道的优化和扩展

传播渠道的选择和优化对于新闻传播策略的成功至关重要。首先，要根据目标受众的特征和行为习惯，选择适合的传播渠道。不同的受众群体可能更喜欢使用不同的媒体平台，比如社交媒体、新闻客户端、电视等。了解目标受众的渠道偏好，有助于精准地选择传播渠道，并进行针对性的优化。

其次，要不断扩展传播渠道，以覆盖更广泛的受众。随着科技的发展和社交媒体的普及，新的传播渠道不断涌现。新闻机构可以积极拓展在移动端、社交媒体平台、视频平台等领域的传播渠道。同时，与其他媒体机构或平台进行合作，进行资源共享和内容合作，以扩大传播的影响力。

3. 对传播方式的优化和创新

在传播方式方面，优化和创新是必要的。传统的新闻报道方式已经无法满足受众的多样化需求。新闻机构应该积极探索新的传播方式，以吸引目标受众的关注和参与。

一种创新的传播方式是采用互动性和参与性更强的形式。例如，开展线上线下互动活动、举办主题讨论会、征集读者投稿等，鼓励受众参与新闻报道和讨论，增加互动和参与感。

此外，多媒体的应用也是传播方式优化的重要方向。新闻机构可以借助视频、音频、图片等多媒体形式来丰富传播内容，提升受众的阅读体验和信息吸收效果。同时，要注重内容的可视化呈现和故事化处理，提高信息传达的吸引力和影响力。

4. 对传播效果的评估和调整

新闻传播策略的优化和完善需要不断进行评估和调整。通过建立科学的评估指标和监测体系，对传播效果进行全面、准确的评估，可以使用数据分析工具和社交媒体监测工具等来收集和分析传播效果相关的数据。

评估结果可以反馈给新闻机构，帮助其了解传播效果的优劣，并及时进行调整和改进。如果发现某个传播渠道效果不佳，可以适当减少在该渠道的投入，增加在其他渠道的投入。如果某个传播方式受到了目标受众的热烈反响，可以加大对该方式的投入和支持。

总之，新闻传播策略的优化和完善需要不断跟进外部环境的变化和内部需求的变化。通过对传播内容、传播渠道、传播方式和传播效果的优化和调整，可以提高新闻传播的效果和影响力，更好地满足受众的需求。

三、新闻传播策略的实施方法

（一）聚焦目标受众，制定针对性的传播策略

了解目标受众的特征、需求和兴趣是制定针对性传播策略的基础。通过市场调研、用户调查、数据分析等手段，收集和分析与目标受众相关的信息。了解目标受众的年龄、性别、地域、职业等特征，以及其关注的话题、需求和兴趣，可以有针对性地制定传播内容和选择传播渠道。

针对不同目标受众的特点，可以定制不同的传播策略。例如，针对年轻受众可以采用更加时尚和富有活力的传播方式，如短视频、社交媒体等；而针对中老年受众则可以选择更加稳定和传统的传播渠道，如电视、报纸等。通过聚焦目标受众，传播策略可以更加精准地达到预期效果。

（二）创新传播方式，吸引目标受众的关注

在传播方式上，需要不断创新和变革，以吸引目标受众的关注。随着互联网和社交媒体的发展，传播方式变得更加多样化和个性化。新闻机构可以利用短视频、直播、微信营销、虚拟现实等新兴的传播方式，以更生动、有趣和互动性的方式呈现传播内容。

此外，还可以通过内容创意和故事化的处理方式，提升传播的吸引力和影响力。创新传播方式需要与时俱进，关注目标受众的使用习惯和偏好，及时调整和改进传播策略。

（三）引导舆论，形成有利于企业的舆论氛围

舆论对于企业的声誉和形象有重要影响，因此在新闻传播中需

要注意引导舆论，形成有利于企业的舆论氛围。这需要建立舆情监测体系，及时了解和评估公众对企业的看法和评价。

对于负面舆论和危机事件，需要制定相应的危机公关策略，积极回应和解释，以减少负面影响。同时，通过积极的宣传和公关活动，树立企业的良好形象和品牌价值，引导公众对企业的正面评价。

（四）建立传播平台，增强传播效果

传播平台的建设对于增强传播效果至关重要。传播平台可以包括官方网站、微信公众号、社交媒体等，通过这些平台可以直接与目标受众进行互动和传播。

在建立传播平台时，需要考虑目标受众的使用习惯和偏好，选择适合的平台进行建设。同时，要注重平台的内容质量和用户体验，提供有价值、有吸引力的内容，以吸引目标受众的关注和参与。

建立传播平台还需要进行有效的推广和运营，通过搜索引擎优化、社交媒体推广等手段，提高平台的曝光度和影响力。定期监测和评估传播平台的运营效果，根据反馈和数据分析，进行相应的优化和调整，以不断增强传播效果。

总结起来，优化和完善新闻传播策略需要聚焦目标受众，制定针对性的传播策略；创新传播方式，吸引目标受众的关注；引导舆论，形成有利于企业的舆论氛围；建立传播平台，增强传播效果。通过这些优化和完善，可以提高新闻传播的效果和影响力，更好地满足目标受众的需求。

四、新闻传播策略的实施效果

新闻传播策略的实施效果，是评估新闻传播策略成功与否的重要指标。新闻传播策略的实施效果可以从以下几个方面进行评估：

（一）传播效果的量化

传播效果的量化是评估新闻传播策略实施效果的重要指标之一。可以通过新闻报道的数量和质量、社交媒体关注度、网站访问量、阅读量、转发量和评论量等方面进行量化评估。这些指标可以反映出传播内容的影响力、传播渠道的覆盖范围和传播效果的扩散程度，从而帮助评估新闻传播策略的实施效果。

（二）目标受众反馈的收集和分析

目标受众的反馈是评估新闻传播策略实施效果的重要依据之一。可以通过问卷调查、用户评论、社交媒体互动等方式收集和分析目标受众的反馈。这些反馈可以反映出目标受众对传播内容的认同程度、对传播渠道的偏好和对传播效果的评价，从而帮助评估新闻传播策略的实施效果。

（三）舆论氛围的评估和监测

舆论氛围的评估和监测可以了解公众对企业的态度和看法，从而评估新闻传播策略的实施效果。可以通过舆情监测工具、社交媒体分析工具等方式进行。这些工具可以自动化地分析公众对传播内容的态度、对传播渠道的偏好和对传播效果的评价，从而帮助评估新闻传播策略的实施效果。

（四）传播效果的调整和改进

传播效果的调整和改进是评估新闻传播策略实施效果的重要环节之一。根据评估结果对传播策略进行调整和改进，以提高传播效果和达到预期目标。可以从传播内容、传播渠道和传播方式等方面进行调整和改进。比如，调整传播内容的呈现方式、改进传播渠道的覆盖范围和提高传播方式的精准度等，以提高传播效果和实现传播目标。

总之，评估新闻传播策略实施效果需要从传播效果的量化、目标受众反馈的收集和分析、舆论氛围的评估和监测以及传播效果的调整和改进等方面进行。需要根据不同的传播目标和目标受众，采用不同的评估方法和指标，以确保评估结果的准确性和全面性。同时，需要不断跟进传播效果的变化，及时调整和改进传播策略，以确保传播效果的最大化。

五、新闻传播策略的注意事项

（一）立足实际，避免形式主义

制定新闻传播策略时需要避免形式主义，而是要立足实际，根据实际情况制定相应的传播策略，以达到预期的目标。为了实现这一点，企业需要对自身的情况进行全面的分析，了解自身的实际情况和目标受众的需求，制定可行的传播策略，避免盲目跟风和形式主义的做法。

（二）聚焦目标受众，提高传播效果

制定新闻传播策略时需要聚焦目标受众，制定针对性的传播策略，以提高传播效果和达到预期目标。企业需要了解自身目标受众的特点、需求和行为习惯，确定合适的传播渠道和内容策略，以吸引目标受众的关注和参与。同时，企业需要注重传播效果的量化评估，及时调整和改进传播策略，以提高传播效果和实现预期目标。

（三）创新传播方式，满足目标受众需求

新闻传播策略需要创新传播方式，满足目标受众的需求，吸引目标受众的关注和参与。企业需要不断关注市场和行业的变化，了解新的传播趋势和技术，及时采用新的传播方式和工具，以满足目标受众的需求。同时，企业也需要注重传播内容的创新和质量，提高传播的吸引力和影响力。

（四）引导舆论，形成有利于企业的舆论氛围

新闻传播策略需要引导舆论，形成有利于企业的舆论氛围，加强舆论引导和危机公关能力。企业需要及时了解公众对自身的态度和看法，通过合适的传播渠道和方式进行舆论引导和危机公关，以维护企业声誉和形象。同时，企业也需要注重社会责任和公益事业的传播，提高企业的社会形象和品牌价值。

（五）实施过程中需要不断优化和完善传播策略

新闻传播策略实施过程中需要不断优化和完善传播策略，根据传播效果和目标受众的反馈进行调整和改进，以提高传播效果和达到预期目标。企业需要建立科学的传播效果评估体系和反馈机制，及时了解传播效果和目标受众的反馈，根据反馈结果进行传播策略的调整和改进，以实现最佳的传播效果和目标达成。同时，企业也需要注重传播策略的长期规划和持续实施，以确保传播效果的持续

提升和目标的持续达成。

第二节　新闻传播效果的评估与分析

新闻传播效果的评估与分析是新闻传播领域的重要课题，它涉及新闻传播活动的目标和效果，可以帮助新闻媒体和传播者了解自身在新闻传播过程中的影响力、知名度和公信力等方面。随着新闻传播技术的不断发展和媒体平台的多元化，新闻传播效果的评估和分析也面临着新的挑战和机遇。

一、新闻传播效果评估的基本概念和方法

（一）新闻传播效果评估的基本概念

新闻传播效果评估是指对新闻传播活动所达到的目标和效果进行系统、科学的评估和分析。新闻传播效果评估的目的是了解新闻传播所达到的影响力、知名度和公信力等方面，帮助新闻媒体和传播者了解自身在新闻传播过程中的地位和作用，为新闻传播活动的改进和优化提供参考和依据。

新闻传播效果评估的基本要素包括传播目标、评估对象、评估指标和评估方法等。传播目标是指新闻传播活动所要达到的目标和效果，包括影响力、知名度、公信力等方面；评估对象是指新闻传播活动的主体和客体，包括新闻媒体、传播者、受众和社会公众等；评估指标是指对传播目标进行度量和评价的具体指标，包括新

闻报道的内容、传播渠道、传播效果等方面；评估方法是指评估指标的具体操作方法和技术，包括问卷调查、数据分析、网络分析等方法。

（二）新闻传播效果评估的方法和工具

1. 问卷调查法

问卷调查法是一种常见的新闻传播效果评估方法，其基本原理是通过向受众发放问卷来了解受众对新闻报道的反应和评价。问卷调查法可以通过问卷设计和样本选择等方面的控制来提高数据的可信度和有效性，可以有效地了解受众对新闻报道的态度、认知、行为等方面的反应和评价。

2. 数据分析法

数据分析法是一种基于数据的新闻传播效果评估方法，其基本原理是通过对新闻传播活动所产生的数据进行分析和处理，来了解新闻传播活动的效果和影响。数据分析法可以通过对新闻报道的传播量、曝光度、互动度等方面的数据进行分析，来了解新闻报道的影响力和知名度等方面的效果。

3. 网络分析法

网络分析法是一种基于网络数据的新闻传播效果评估方法，其基本原理是通过对新闻报道在网络中的传播路径、传播速度、传播范围等方面的分析，来了解新闻报道在网络中的影响力和知名度等方面的效果。网络分析法可以通过对新闻报道在社交媒体、搜索引擎等网络平台上的传播情况进行分析，来了解新闻报道的传播效果和影响力等方面的效果。

4. 专家评估法

专家评估法是一种基于专家意见的新闻传播效果评估方法，其基本原理是通过请相关领域的专家对新闻报道的内容、传播渠道、传播效果等方面进行评估和分析，来了解新闻报道的影响力和知名度等方面的效果。专家评估法可以通过对专家评估结果的综合分析和比较，来得出对新闻报道的评价和建议。

二、新闻传播效果评估存在的问题

（一）新闻传播效果评估的现状

目前，新闻传播效果评估已经成为新闻传播领域的一个重要课题，并得到了广泛的关注和研究。新闻媒体和传播者通过各种方法和工具对新闻传播活动所达到的目标和效果进行评估和分析，以了解自身在新闻传播过程中的影响力、知名度和公信力等方面。

在新闻传播效果评估的方法和工具方面，问卷调查法、数据分析法、网络分析法和专家评估法等方法和工具都得到了广泛应用。这些方法和工具可以从不同的角度和维度对新闻传播效果进行评估和分析，为新闻传播活动的改进和优化提供参考和依据。

在新闻传播效果评估的应用领域方面，新闻媒体、传播机构、政府部门、企业等都在广泛应用新闻传播效果评估，以了解自身在新闻传播过程中的影响力和知名度等方面。新闻媒体通过对自身报道的评估和分析，可以了解自身在受众中的影响力和公信力等方面，从而改进和优化自身的新闻报道和传播策略；传播机构可以通过对自身传播活动的评估和分析，了解自身在传播市场中的地位和作用，从而优化传播策略和提升传播效果；政府部门可以通过对政策宣传的评估和分析，了解政策宣传的效果和影响，从而改进和优化宣传策略；企业可以通过对品牌宣传的评估和分析，了解品牌宣传的效果和影响，从而优化品牌宣传策略和提升品牌知名度。

（二）新闻传播效果评估存在的问题

1. 评估指标的选择存在局限性

新闻传播效果评估的指标是评估新闻传播效果的重要依据，但目前评估指标的选择存在着一定的局限性。当前的评估指标主要集中在影响力、知名度和公信力等方面，而忽视了其他与新闻传播相关的指标，如新闻报道的内容质量、传播方式和传播效果等方面的指标，这可能会导致评估结果的局限性和不完整性。

新闻报道的内容质量是评估新闻传播效果的重要指标之一，它反映了新闻报道的真实性、客观性和专业性等方面。然而，目前评估指标往往忽视了新闻报道的内容质量，这可能会导致评估结果的不准确性和不全面性。传播方式和传播效果也是评估新闻传播效果的重要指标之一，它们反映了新闻报道的传播效果和影响力。然而，目前评估指标往往忽视了传播方式和传播效果，这可能会导致评估结果的不完整性和不准确性。

为了更全面准确地评估新闻传播效果，需要优化评估指标的选择。具体来说，可以从传播内容、传播方式和传播效果等多个方面考虑评估指标的选择，以确保评估结果的全面性和准确性。同时，还可以采用多元化的评估指标，如新闻报道的内容质量、传播方式和传播效果等方面的指标，以更全面地评估新闻传播效果的实际情况。针对不同的评估对象和评估场景，选择适合的评估指标，以确保评估结果的实用性和可操作性。

2. 评估方法的单一性

当前，新闻传播效果评估的方法主要集中在问卷调查法、数据分析法、网络分析法和专家评估法等方面，这些方法具有一定的局限性，不能全面准确地反映新闻传播效果的实际情况。例如，问卷调查法往往受到受众主观认知和回答偏差的影响，数据分析法往往无法全面反映受众的态度和行为，网络分析法往往受到网络数据的局限性，专家评估法往往受到专家主观判断和经验偏差的影响。

为了更全面准确地评估新闻传播效果，需要改进评估方法的多样性。具体可以采用多种不同的评估方法，如问卷调查法、数据分析法、网络分析法和专家评估法等，以确保评估结果的全面性和准确性。采用定性和定量相结合的方法，以确保评估结果的全面性和准确性。同时，还可以采用实验研究法和场景模拟法等方法，以更真实地模拟和评估新闻传播效果的实际情况。

3. 受众反应的主观性和不确定性

受众对新闻报道的反应和评价往往具有主观性和不确定性，这可能会导致评估结果的不准确性和不可靠性。同时，由于受众的多样性和分散性，采样和样本选择也存在一定的难度和挑战。例如，不同的受众可能会对同一条新闻报道有不同的反应和评价，这可能会导致评估结果的主观性和不确定性。另外，受众的样本选择也可能存在偏差，例如，可能存在样本选择的不随机性和样本量不足等问题，这也可能会导致评估结果的不准确性和不可靠性。

为了更准确地评估新闻传播效果，需要采用更科学合理的样本选择方法，并结合定性和定量的评估方法，以控制评估结果的主观性和不确定性。同时，还可以采用多元化的评估方法，如问卷调查法、网络分析法和实验研究法等，从多个角度评估新闻传播效果的实际情况。此外，还可以通过合理的统计分析方法，对评估结果进行分析和验证，以确保评估结果的准确性和可信度。

4. 数据来源和数据质量的问题

新闻传播效果评估需要依赖于大量的数据来源，如社交媒体、搜索引擎和网络分析工具等，但这些数据来源的可靠性和数据质量存在一定的问题，可能会影响评估结果的准确性和可信度。例如，社交媒体上的信息往往存在虚假信息和水军等问题，搜索引擎的算法也存在不完善性和数据偏差等问题，网络分析工具也可能存在数据收集和分析的偏差等问题。

为了确保评估结果的准确性和可信度，需要采用多种不同的数据来源，并结合数据质量的评估方法，以确保数据来源的可靠性和数据质量的准确性。同时，还可以采用数据清洗和数据分析技术，对数据进行处理和分析，以确保评估结果的准确性和可靠性。此外，还可以采用多元化的评估方法，从多个角度评估新闻传播效果的实际情况，以确保评估结果的全面性和准确性。

综上所述，新闻传播效果评估存在着多方面的挑战和限制，需要采用多元化的评估方法和指标，以确保评估结果的全面性和准确性。同时，需要结合科学合理的样本选择和数据质量评估方法，以确保评估结果的可信度和准确性。

（三）评估新闻传播效果

1. 评估传播的范围和影响力

新闻传播的范围和影响力是评估新闻传播效果的重要指标之一。传播范围可以通过评估新闻报道的媒体覆盖率来衡量，例如在哪些媒体上发布了该新闻，新闻报道的时长、出现频率等。影响力则可以通过评估新闻报道的观众数量、社会反响、话题热度等指标来衡量。

在评估新闻报道的范围和影响力时，需要考虑到不同类型的新闻报道可能对应不同的评估指标。例如，对于一条重大突发事件的报道，其影响力可能更加重要，因为它能够引起公众的广泛关注，影响社会舆论的走向；而对于一条深度报道，其传播范围可能相对较小，但是影响力可能更加深远，因为它能够深入剖析问题的本质，为公众提供深度思考和启示。

评估新闻报道的影响力时，需要考虑到多个方面，例如新闻报道对公众态度、行为的影响，对政策和决策的影响，对社会舆论的影响等。这些影响可以通过对新闻报道的媒体曝光量、社交媒体讨论量、搜索引擎搜索量等数据进行分析来评估。

2. 考量受众对信息的理解和接受程度

新闻传播的效果不仅仅取决于新闻报道的范围和影响力，还与受众对信息的理解和接受程度密切相关。因此，在评估新闻传播效果时，需要考虑到受众对信息的理解和接受程度。

评估受众对信息的理解和接受程度可以通过多种方式进行。例如，可以通过问卷调查等方式了解受众对新闻报道的认知和感受，以及对新闻报道中表述的观点和事实的理解程度；还可以通过观察社交媒体上的讨论情况，了解受众对新闻报道的反应和评论，以及对新闻报道的理解和接受程度。

在评估受众对信息的理解和接受程度时，需要考虑到不同受众群体可能对同一条新闻报道的理解和接受程度存在差异。因此，需要对不同受众群体的反应和意见进行综合分析，以更全面地评估新闻传播效果。

3. 分析目标和目的的实现程度

新闻报道的目标和目的是指新闻报道所追求的效果和目标。例如，一条新闻报道的目标可能是揭示某一事件的真相，引起公众关注，推动政策和决策的制定等。在评估新闻传播效果时，需要考虑到新闻报道的目标和目的是否得到了实现。

评估新闻报道的目标和目的可以通过多种方式进行。例如，可以通过观察社会反响和公众态度的变化，了解新闻报道对公众的影响和作用；还可以通过观察政策和决策的制定过程和结果，了解新闻报道对政策和决策的影响和作用。

在进行这种评估时，需要注意到新闻报道的目标和目的可能存在多个方面。因此，需要对每个方面进行具体分析，以全面了解新闻报道的效果和作用。

4. 使用调查问卷和观众反馈进行评估

调查问卷和观众反馈是评估新闻传播效果的重要手段之一。通过调查问卷可以了解受众对新闻报道的看法和意见，以及对新闻报道的理解和接受程度；通过观众反馈可以了解受众对新闻报道的反应和评论，以及对新闻报道的认知和感受。

在使用调查问卷和观众反馈进行评估时，需要注意到样本的选择和问卷设计的重要性。样本的选择要尽可能有代表性，以确保评估结果的可靠性和有效性。问卷的设计要清晰明了，问题要具有针对性和可操作性，以确保得到准确的评估结果。

5. 分析媒体覆盖率和社交媒体数据

媒体覆盖率和社交媒体数据是评估新闻传播效果的重要数据来源之一。通过分析媒体覆盖率和社交媒体数据可以了解新闻报道的曝光量、受众数量、讨论热度等信息，从而评估新闻传播的范围和影响力。

在分析媒体覆盖率和社交媒体数据时，需要注意到不同媒体平台和社交媒体平台的特点和差异。不同媒体平台和社交媒体平台在受众群体、使用方式、讨论话题等方面存在差异，因此需要对不同平台的数据进行分析和综合，以得到更准确和全面的评估结果。

总之，在评估新闻传播效果时，需要综合运用各种评估手段和数据来源，以全面、准确地了解新闻传播的效果和影响。评估结果可以为新闻报道的改进和优化提供参考和指导，同时也可以为新闻媒体和公众提供有益的参考信息。

三、新闻传播效果评估的优化和改进途径

（一）优化评估指标的选择

新闻传播效果评估是新闻传播研究的重要领域之一，评估结果可以为新闻媒体、政府机构和企业等提供重要的参考依据。但是，

当前评估指标的选择存在局限性，需要优化评估指标的选择，以确保评估结果的全面性和准确性。

1. 多方面考虑评估指标的选择

新闻报道的内容质量、新闻报道的传播方式和传播效果等方面都是评估新闻传播效果的重要指标。因此，在评估指标的选择时，需要从多个方面考虑，以确保评估结果的全面性和准确性。例如，在评估新闻报道的内容质量时，可以考虑新闻报道的真实性、客观性和专业性等方面的指标；在评估新闻报道的传播方式时，可以考虑新闻报道的传播途径、传播渠道和传播速度等方面的指标；在评估新闻报道的传播效果时，可以考虑新闻报道的影响力、知名度和公信力等方面的指标。综合考虑这些指标，可以更全面地评估新闻传播效果的实际情况。

2. 采用多元化的评估指标

除了传统的评估指标外，还可以采用多元化的评估指标，如新闻报道的内容质量、传播方式和传播效果等方面的指标，以更全面地评估新闻传播效果的实际情况。例如，可以采用自然语言处理技术评估新闻报道的内容质量，采用社交网络分析技术评估新闻报道的传播效果，以及采用媒体监测技术评估新闻报道的知名度和公信力等指标。采用多元化的评估指标，可以更全面地反映新闻传播效果的实际情况，提高评估结果的准确性和可信度。

3. 不同的评估对象和评估场景，选择适合的评估指标

不同的评估对象和评估场景需要采用不同的评估指标。例如，针对新闻媒体的评估，可以采用新闻报道的知名度和公信力等指

标；针对政府机构的评估，可以采用政策宣传的效果等指标；针对企业的评估，可以采用产品宣传的效果等指标。在选择评估指标时，需要结合评估对象和评估场景，选择适合的评估指标，以确保评估结果的实用性和可操作性。

总之，优化评估指标的选择是提高新闻传播效果评估结果准确性的重要途径。通过从多个方面考虑评估指标的选择、采用多元化的评估指标，以及根据评估对象和评估场景选择适合的评估指标，可以更全面、准确地评估新闻传播效果的实际情况，为新闻媒体、政府机构和企业等提供更有价值的参考依据。

（二）改进评估方法的多样性

为了更全面准确地评估新闻传播效果，需要改进评估方法的多样性。具体而言，可以从以下几个方面入手：

1. 采用多种不同的评估方法

评估新闻传播效果的方法有很多种，如问卷调查法、数据分析法、网络分析法和专家评估法等。不同的评估方法可以从不同的角度反映新闻传播效果，因此需要采用多种不同的评估方法，以确保评估结果的全面性和准确性。例如，可以采用问卷调查法了解受众对新闻报道的反应和看法，采用数据分析法分析新闻报道在社交媒体上的传播情况，采用网络分析法分析新闻报道的传播路径和影响力，以及采用专家评估法评估新闻报道的内容质量和专业性等指标。通过采用多种不同的评估方法，可以更全面地了解新闻传播效果的实际情况。

2. 采用定性和定量相结合的方法

定性和定量是评估新闻传播效果的两种基本方法。定量方法可以量化新闻报道的影响力和传播效果等指标，而定性方法可以深入挖掘新闻报道的内容和影响等方面的信息。因此，采用定性和定量相结合的方法，可以更全面地评估新闻传播效果的实际情况。例如，可以采用问卷调查法获取受众的定量反馈，同时采用深度访谈法获取受众的定性反馈，以进一步了解受众对新闻报道的看法和态度。

3. 采用实验研究法和场景模拟法等方法

实验研究法和场景模拟法是评估新闻传播效果的有效方法。实验研究法可以在控制变量的条件下，观察新闻报道对不同受众的影响，从而更准确地评估新闻传播效果。场景模拟法可以通过模拟真实场景，观察新闻报道的传播效果和影响力等指标，从而更真实地模拟和评估新闻传播效果的实际情况。例如，可以在实验室环境下对不同受众进行实验研究，观察新闻报道对不同受众的影响，也可以使用虚拟现实等技术，模拟真实场景，观察新闻报道的传播效果和影响力等指标。

综上所述，改进评估方法的多样性是提高新闻传播效果评估结果准确性的重要途径。通过采用多种不同的评估方法、采用定性和定量相结合的方法，以及采用实验研究法和场景模拟法等方法，可以更全面、准确地评估新闻传播效果的实际情况，为新闻媒体、政府机构和企业等提供更有价值的参考依据。

（三）提高受众反应的准确性和可靠性

1. 采用多种不同的调查方法

受众反应的调查方法有很多种，如在线调查、电话调查和面对面访谈等方法。不同的调查方法可以从不同的角度了解受众对新闻报道的反应和评价，因此需要采用多种不同的调查方法，以确保样本的多样性和覆盖面。例如，可以采用在线调查获取大量的数据，同时采用面对面访谈深入了解受众的看法和态度。通过采用多种不同的调查方法，可以更全面、准确地了解受众对新闻报道的反应和评价。

2. 采用随机抽样和分层抽样等方法

为了保证受众反应调查的准确性和代表性，需要采用随机抽样和分层抽样等方法，以确保样本的代表性和准确性。随机抽样是指在一定范围内随机选择样本，避免了主观性和偏见性的影响；分层抽样是指将样本按照某些特定的标准进行分类，然后在每一层中采用随机抽样的方法选择样本，以确保样本的代表性和准确性。通过采用随机抽样和分层抽样等方法，可以更准确地了解受众对新闻报道的反应和评价。

3. 引入情境分析和情感分析等技术

情境分析和情感分析等技术可以更全面地评估受众对新闻报道的反应和评价。情境分析是指对受众反应的背景、语境和环境等进行分析，以更准确地理解受众的反应和评价。情感分析是指对受众反应中的情感信息进行分析，以了解受众的情感状态和情感倾向。通过引入情境分析和情感分析等技术，可以更全面地了解受众对新闻报道的反应和评价，提高评估结果的准确性和可靠性。

综上所述，为了提高受众反应的准确性和可靠性，可以采取多种不同的调查方法，采用随机抽样和分层抽样等方法，以及引入情境分析和情感分析等技术。这些措施可以更全面、准确地了解受众对新闻报道的反应和评价，提高评估结果的准确性和可靠性。

第三节　新闻传播策略的优化与调整

互联网的普及和社交媒体的兴起改变了新闻传播的格局。越来越多的人通过互联网和社交媒体平台获取新闻信息，传统媒体的传播渠道和媒介优势受到冲击。这意味着新闻机构需要转变传统的单向传播模式，更加注重与读者的互动和参与。大数据和人工智能技术的应用为新闻传播提供了新的可能性。通过大数据分析和挖掘，新闻机构可以更好地了解读者的兴趣和需求，精准定位目标受众，并提供个性化的新闻内容。同时，人工智能技术也可以用于新闻的自动化生成和推荐，提高新闻生产效率和用户体验。面对信息泛滥和谣言的传播，新闻传播策略的优化也需要更加注重真实性和可信度。在虚假信息充斥的环境中，新闻机构应该积极推动事实核查和真相还原，维护公众的知情权和判断力。

在这样的背景下，新闻传播策略的优化和调整变得尤为重要。新闻机构需要不断创新和适应变化的需求，以提供高质量、有影响力的新闻报道。

一、内容创新

（一）内容多样化

在当今快速发展的媒体环境中，为了吸引读者的注意力并保持竞争力，新闻传播机构需要不断进行内容创新。内容多样化是一种重要的策略，通过提供各种类型和形式的内容来满足不同读者的需求。

首先，新闻机构可以通过多角度报道来实现内容多样化。传统新闻报道往往只关注事件的表面信息，而忽视了背后的原因和影响。因此，引入新的报道角度，如深度调查、专访、人物故事等，可以使报道更加立体和有趣。

其次，新闻机构应该关注非传统领域和群体的报道。除了政治、经济和社会等常规领域的报道，还可以关注科技创新、环境保护、文化艺术等领域。此外，关注边缘化的群体和少数民族的故事，传递他们的声音和挑战，有助于促进社会的包容和多元化。

最后，内容多样化还包括创新的报道形式和表达方式。传统的文字报道可以与图片、视频、动画等多种媒体形式相结合，以丰富内容的表现力和吸引力。此外，还可以采用数据可视化、虚拟现实等技术手段，将复杂的信息以更直观和生动的方式呈现给读者。

（二）数据驱动的新闻报道

在信息时代，数据成为新闻报道的重要资源。数据驱动的新闻报道依赖于数据收集、分析和解读，以提供更客观、准确和可信的新闻内容。

首先，新闻机构可以通过数据收集和分析来发现潜在的新闻线索。通过运用数据挖掘和大数据分析技术，可以从庞大的数据集中提取出有价值的信息和趋势，发现社会问题和事件的新视角。

其次，数据驱动的新闻报道可以提供更准确的事实和统计数据。新闻机构可以利用公开数据、调查数据等多种数据来源，为报道提供有力的支持和论证。这样的报道更具说服力，读者也更容易接受和信任。

此外，数据可视化是数据驱动新闻报道的重要手段之一。通过图表、图像、地图等可视化方式，将复杂的数据转化为易于理解和传播的形式，提升读者对新闻事件的洞察力和理解能力。

（三）多媒体融合

多媒体融合是指不同媒体形式的有机结合，以创造更具吸引力和影响力的新闻内容。在当今数字化时代，多媒体融合成为新闻传播的重要趋势和策略之一。

首先，文字和图片的结合是多媒体融合的常见形式。通过配图、图表和图像等视觉元素的加入，可以使报道更具视觉冲击力和表现力。读者可以通过图片更直观地了解事件的发展和背景。

其次，视频报道在多媒体融合中起着重要的作用。视频具有动态、音频和图像的综合特点，可以生动地展示事件的现场和过程。新闻机构可以通过拍摄现场视频、采访视频等方式，为读者提供更全面、真实的新闻报道。

此外，社交媒体和移动互联网的兴起也为多媒体融合提供了新的机会。通过在社交媒体平台上发布短视频、直播等形式的报道，可以吸引更多的用户关注和参与。同时，移动设备的普及也为读者提供了随时随地获取多媒体新闻的便利途径。

总之，内容多样化、数据驱动的报道和多媒体融合是新闻传播策略优化和调整中重要的方面。通过不断创新和适应变化的媒体环境，新闻机构可以更好地满足读者的需求，提升传播效果和影响力。

二、平台选择

（一）社交媒体的崛起

随着互联网的快速发展，社交媒体成为新闻传播中不可忽视的平台。社交媒体的崛起为新闻机构提供了全新的传播渠道和机会。

首先，社交媒体具有庞大的用户基础和广泛的覆盖范围。各种社交媒体平台吸引了数以亿计的用户，使新闻机构能够与全球范围的受众进行直接互动。通过在社交媒体上发布新闻内容，新闻机构可以迅速传播信息，增加曝光度，吸引更多读者的关注和参与。

其次，社交媒体提供了与读者互动和参与的机会。社交媒体平台的特点是用户生成内容和即时互动，读者可以通过评论、分享和点赞等方式参与新闻话题的讨论。新闻机构可以积极参与社交媒体的互动，与读者建立更紧密的联系，了解读者的意见和反馈，并及时调整新闻报道的内容和形式。

然而，社交媒体的崛起也带来了一些挑战。首先，社交媒体平台对内容的传播速度要求很高，新闻机构需要更快速地反映和发布新闻，以抢占关键时刻的报道机会。其次，社交媒体上的信息碎片化和传播混乱，可能导致新闻的真实性和可信度受到质疑。新闻机构需要在社交媒体上加强事实核查和真相还原的工作，以维护新闻的权威性和可信度。

（二）移动互联网时代的机遇与挑战

移动互联网的普及改变了人们获取新闻的方式，对新闻传播策略提出了新的要求。移动互联网时代为新闻机构带来了机遇和挑战。

首先，移动互联网使新闻内容更加便捷和即时。通过移动设备，读者可以随时随地获取新闻，无论是通过新闻应用程序、移动网站还是社交媒体平台。新闻机构可以通过优化移动用户体验，提供精练而易于阅读的新闻内容，满足读者随时随地获取新闻的需求。

其次，移动互联网时代加强了个性化和定制化的需求。移动设备的个人化特性使得新闻机构可以根据用户的兴趣和偏好推送定制化的新闻内容。通过分析用户的浏览历史和行为数据，新闻机构可以提供更加个性化和精准的新闻推送，提高用户的阅读体验和忠诚度。

然而，移动互联网时代也带来了一些挑战。首先，移动设备的屏幕尺寸和用户浏览时间有限，对新闻内容的呈现形式和传播方式提出了更高的要求。新闻机构需要更加注重标题的吸引力、简洁明了的内容结构和视觉元素的运用，以提高移动用户的阅读体验和留存率。其次，移动互联网时代的信息碎片化和短暂性，使新闻机构面临着与其他娱乐和社交内容争夺用户关注的竞争。新闻机构需要通过深度报道、独家内容和增加互动性等方式吸引用户的注意力，提升新闻内容的吸引力和影响力。

（三）多渠道传播策略

为了适应多样化的媒体环境和读者需求，新闻机构应采取多渠道传播策略。多渠道传播策略包括将新闻内容通过多个平台和媒介传播，以覆盖更广泛的受众。

首先，新闻机构可以通过建立自有平台，如官方网站、移动应用程序等，直接向读者传播新闻内容。自有平台的优势在于能够自主控制内容发布和用户体验，并建立品牌形象和用户忠诚度。

其次，社交媒体平台是多渠道传播的重要组成部分。通过在社交媒体上发布新闻内容，新闻机构可以利用社交媒体的用户规模和传播力量，扩大新闻的影响范围，并与读者进行互动和参与。

此外，新闻机构还可以与其他媒体合作，通过合作发布、联合报道等方式拓展传播渠道。与电视台、广播台、报纸等传统媒体合作，可以使新闻内容在不同媒介间互相转化和传播，提升新闻的可见度和影响力。

总之，社交媒体的崛起、移动互联网时代的机遇与挑战以及多渠道传播策略的应用，是新闻传播策略优化和调整中不可忽视的方面。新闻机构需要灵活运用不同的传播平台和渠道，以适应多样化的媒体环境和读者需求，提升新闻的传播效果和影响力。

三、多元化报道

（一）引入新的报道角度

为了优化和调整新闻传播策略，新闻机构应该引入新的报道角度，以丰富新闻报道的多样性和观点。

首先，新闻机构可以采取多元化的视角来报道事件和问题。传统新闻报道往往只关注事件的表面信息，而忽视了背后的原因和影响。通过引入新的报道角度，如人文角度、社会角度、环境角度等，可以使报道更加立体和有趣。例如，在报道环境问题时，可以从生态、可持续发展和人类生活等角度进行深入探讨，提供更全面的视角和解决方案。

其次，新闻机构可以从跨学科的角度来报道事件和话题。许多重要的问题和挑战涉及多个学科领域，如科技创新、医疗健康、社会经济等。通过引入跨学科的报道角度，新闻机构可以将不同学科领域的知识和专业观点相结合，提供更深入、全面的报道。这有助于读者更好地理解问题的复杂性和多样性。

（二）关注非传统领域和群体

除了关注传统的政治、经济和社会领域，新闻机构还应该关注非传统领域和群体的报道。这有助于提供更全面和多元的新闻内容，满足读者的多样化需求。

首先，新闻机构可以关注科技创新和数字化领域的报道。随着科技的快速发展和数字化的普及，科技领域的新闻报道变得愈发重要。报道新兴科技、人工智能、物联网等领域的创新和应用，可以帮助读者了解最新的科技趋势和影响。

其次,新闻机构应关注少数群体和边缘化群体的故事。传统新闻报道往往关注社会主流和权力中心,而忽视了边缘化群体的生活和问题。通过关注少数族裔、性别平等、残障人士等群体的报道,新闻机构可以传递他们的声音和挑战,促进社会的包容和多元化。

(三)提供深度分析和解读

为了优化新闻传播策略,新闻机构应提供深度分析和解读,而不仅仅是简单的事实报道。深度分析和解读有助于提供更加全面、准确和深入的新闻报道,增加读者的洞察力和理解能力。

首先,新闻机构可以进行深入调查和报道。通过深入调查,新闻机构可以揭示事件背后的真相和复杂性,为读者提供更多细节和线索,使报道更具可信度和说服力。此外,新闻机构可以进行深度报道,通过深入访谈、专访和人物故事等方式,提供更具深度的报道内容,引发读者的思考和共鸣。

其次,新闻机构应提供专业的解读和分析。许多事件和问题涉及复杂的政治、经济和社会背景,需要专业知识和观点的解读。新闻机构可以邀请专家学者、意见领袖等进行解读和评论,帮助读者理解事件的重要性和影响。此外,新闻机构也可以通过数据分析、趋势预测等方法,提供更有洞察力的报道和分析。

综上所述,引入新的报道角度、关注非传统领域和群体以及提供深度分析和解读是优化新闻传播策略的重要方面。通过丰富和多元化的报道内容,新闻机构可以更好地满足读者的需求,提升新闻报道的质量和影响力。

结语　新闻写作与传播的未来发展趋势

在信息爆炸和数字化时代，新闻传播策略的优化和调整成为新闻机构必须面对的重要问题。传统媒体受到互联网和社交媒体的冲击，读者获取和消费新闻的方式发生了巨大的变化。同时，大数据、人工智能等技术的应用也给新闻传播带来了全新的机遇和挑战。

随着技术的进步和用户需求的变化，多媒体融合将成为新闻写作和传播的重要趋势。新闻机构将更多地采用图文、视频、音频、互动图表等形式来呈现新闻内容，以满足读者对多样化、可视化和互动性的需求。

移动互联网的普及使得大部分人都通过移动设备获取新闻信息。因此，新闻写作和传播将更加注重移动用户体验和移动优化。新闻机构需要在移动端提供便捷、快速、易于阅读和分享的新闻内容，以迎合移动用户的需求。

用户参与将成为新闻写作和传播的重要方向。新闻机构需要积极引导读者参与新闻报道和讨论，建立互动平台，回应读者的意见和反馈。同时，通过数据分析和个性化推荐等技术手段，提供针对性的新闻内容，满足读者的个性化需求。

大数据和人工智能技术的应用将在新闻写作和传播中起到越来越重要的作用。新闻机构可以利用数据分析技术，挖掘和分析大数据，发现新闻报道的趋势和热点，提供更具洞察力的新闻内容。

新闻写作和传播将更加注重媒体合作和跨界融合。新闻机构可以与其他媒体合作，共享资源和报道内容，拓展传播渠道。同时，与其他领域如科技、艺术、教育等进行跨界合作，创新报道形式和内容，丰富新闻写作和传播的多样性。

总体而言，新闻写作与传播的未来发展趋势将围绕多媒体融合、移动优先、用户参与、数据驱动和跨界融合展开。新闻机构需要不断调整和优化传播策略，结合技术和用户需求，提供丰富、全面、准确和吸引人的新闻内容，以适应快速变化的媒体环境，赢得读者的关注和信任。

参考文献

［1］伊茂林．现场新闻写作必须具备哪些基本功［J］．全媒体探索，2023（05）．

［2］裴国旗．新媒体新闻写作语言视觉化探析［J］．西部广播电视，2023（08）．

［3］高锦萍．新媒体环境下新闻写作语言"视觉化"探析［J］．记者摇篮，2021（12）．

［4］刘素针．融媒体时代新闻记者的文学素养研究［J］．新闻前哨，2023（09）．

［5］赵艳．媒体融合环境下的新闻采访与写作［J］．记者摇篮，2023（05）．

［6］朱振雷．多维度看新闻采访与写作［J］．新闻前哨，2022（18）．

［7］李良荣．新闻学概论［M］．上海：复旦大学出版社，2020．

［8］马自忠．浅谈全媒体时代的新闻写作［J］．中国报业，2023

（07）．

[9] 吴晓燕．应对新环境迎接新挑战——新媒体环境下网络新闻写作技巧研究［J］．新闻文化建设，2023（01）．

[10] 周东贤．记者编辑新闻写作的经验探讨［C］//广东省教师继续教育学会．广东省教师继续教育学会第五届教学研讨会论文集（四）．广州：广东省教师继续教育学会，2022．

[11] 刘畅．新媒体环境下传统媒体面临的挑战和创新发展策略［J］．新闻传播，2022（21）．

[12] 冯艺．新媒体环境下新闻短视频的融合传播及发展策略研究［J］．互联网周刊，2022（24）．

[13] 黄宏春．新闻摄影语言的话语呈现［J］．新闻世界，2023（06）．

[14] 李全忠．如何写好新闻报道［J］．疯狂英语（新读写），2021（10）．

[15] 吴安运．新闻报道写作［J］．疯狂英语（新悦读），2022（12）．

[16] 余健．新闻报道中"标题党"的危害及规避策略［J］．西部广播电视，2023（08）．

[17] 杨谦．新闻报道中二次伤害成因与规避之策［J］．传媒论坛，2023（07）．

[18] 高云．论新闻报道如何体现人文关怀［J］．新闻文化建设，2022（01）．

[19] 李小龙．论新闻报道细节的重要性［J］．中国报业，2022

（17）.

［20］时诚．新闻报道中如何依法使用个人信息［J］．青年记者，
2021（03）.

［21］王灿发．现代新闻业务基础教程［M］．北京：中国广播影
视出版社，2020.

［22］张秀云．新闻写作中的语言运用技巧［J］．新闻世界，2020
（02）.